KB014414

마음에 착 달라붙는
카피 한줄

마음에 착 달라붙는
커피 한 줄

조셉 슈거맨 지음 • 송기동 옮김

북스넛
Booksnut

옮긴이

송기동 한양대학교 영어영문학과를 졸업했다. 〈시사영어연구〉 편집장 및 〈데이트라인〉 편집장을 지냈다. 한국판 〈내셔널지오그래픽〉 부편집장을 지냈으며, 현재는 출판기획 및 전문번역가로 활동하고 있다. 옮긴 책으로는 〈통찰과 포용〉, 〈스위스 은행가가 가르쳐주는 돈의 원리〉, 〈방아쇠 법칙〉 등이 있다.

마음에 착 달라붙는 카피 한 줄

1판 1쇄 인쇄 _ 2011년 9월 10일
1판 1쇄 발행 _ 2011년 9월 20일

지은이 _ 조셉 슈거맨
옮긴이 _ 송기동
발행인 _ 문정신
발행처 _ 북스넷
등록 _ 제1-3095호
주소 _ 서울시 마포구 성산동 112-7 예건빌딩 3층
전화 _ 02-325-2505
팩스 _ 02-325-2506
이메일 _ jmoo100@hanmail.net

ISBN 978-89-91186-70-5 03320

살아 숨쉬는 문장을 쓰는 법

글로 사람의 마음을 훔쳐본 적이 있는가? 기억에 오래 남는 문장의 비결을 아는가? 심리학에 바탕한 글쓰기가 무엇인지 아는가? 세상에는 두 종류의 글이 있다. 어필하는 글과 어필하지 못하는 글이 그것이다. 읽어도 감흥을 주지 못하는 문장이 있는가 하면, 읽을 때마다 가슴 설레게 하는 문장도 있다. 카피가 사람들에게 서둘러 구매하고 싶은 마음이 들게 한다면 그것은 반드시 히트 상품이 된다.

단어와 문장의 어떤 요소 때문에 사람들은 호감을 느끼거나 반감을 갖게 될까?

이 책은 내가 비즈니스맨들을 대상으로 전략적인 글쓰기에 대해 강의했던 내용을 정리한 것이다. 나 자신이 카피라이터인 만큼 강의는 카피라이팅의 테크닉을 응용해 고객을 폭발적으로 늘리는 문장의 조건, 상품과 서비스를 신선하고 자극적으로 보이게 하는 방법, 효과적인 문장과 그렇지 못한 문장 구별하기, 글을 쓸 때 빠지기 쉬운 함정 피하는 법, 글을 쓰면서 기억해야 할 인간의 심리 요소 등을 다루고 있다.

사람들은 내 강의를 듣기 위해 돈을 아끼지 않았다. 5일 동안의 수강료는 2,000달러다. 일반 비즈니스맨을 대상으로 한 수강료로서는 미국에서 가장 높은 액수다. 그리고 매년 마지막 강의는 3,000달러다.

강의 안내와 광고가 나가면 사람들은 곧바로 반응을 보였다. 여러 곳에서 모여든 참가자들로 강의실은 북새통을 이루곤 한다. 독일에서 온 기업가도 있고, 일본에서 온 샐러리맨 그룹도 있으며, 미국 북동부에서 온 여성 공무원도 있었다. 텍사스의 농부와 캘리포니아의 치과의사도 참석했다. 월가의 보수적인 펀드매니저 리처드 비게리Richard Vigueri도 왔고, 클린턴 정부에서 부통령을 지낸 앨 고어Albert Gore도 수강자의 신분으로 참석했다. 고어는 각종 연설문을 다듬는 데 도움을 얻으려고 참석했다고 했다. 강의는 항상 수강 희망자가 많았으므로 예약을 받아야 했다.

이 책은 그 강의에서 핵심적인 주제와 내용을 골라 수록한 것이다. 크게 성공을 거둔 사람들에게 나의 강의는 새로운 동기부여의 계기가 되었다. 이미 성공을 경험한 사람들도 강의에서 배운 지식을 시험해 보고 싶어 했다. 새로운 실험은 늘 새로운 발전을 가져오는 법이다.

상품을 접하기에 앞서 소비자들은 상품을 소개하는 단어와 문장을 먼저 접한다. 그래서 하나의 상품이 히트하려면 사람들이 상품을 소개하는 글을 읽고 설득력을 느껴야 한다. 소비자가 마케팅 카피를 읽고 곧장 매장으로 달려가거나 인터넷을 열어 주문하게 만들어야 당신은 시장에서 살아남을 수 있다. 제안서라면 고객이 흥미를 느끼며 끝까지 읽을 수 있어야 하며, 프레젠테이션이라면 상대방이 확신을 갖고 결정할 수 있게 꾸며야 할 것이다.

이러한 글쓰기 과정을 이해하고 효과적으로 실행하기 위해서는 많은 경험과 기술이 필요하다. 경험과 기술을 익히면 다양한 상황에서 다양하게 응용할 수 있으며, 문장이 가진 힘만으로 비즈니스를 크게 발전시킬 수 있다.

이 강의는 카피라이팅을 통해 전반적인 비즈니스 글쓰기를 이해하는 데 목적이 있다. 무엇보다도 심리학에 근거한 마케팅과 히트 상품을 만드는 문장 비결을 터득할 수 있을 것이다. 책을 읽으면서 문장력이 당신과 회사의 성장을 얼마나 크게 좌우하는지 새삼 깨닫게 될 것이다. 글쓰기는 회사에게 그리고 당신 자신에게 너무나도 중요한 비즈니스 도구라는 사실을 이해하기 바란다. 이 책을 통해 당신도 좋은 문장을 가려 쓸 수 있게 될 것이고, 적어도 문장의 어디가 잘 되고 잘못 되었는지 구별해낼 수 있을 것이며, 카피를 보는 눈과 만드는 자신감이 생길 것이다.

자, 이제 편안하게 앉아 긴장을 풀고 카피와 마케팅, 창조적인 글쓰기에 대해 알아보자.

Part II 히트를 만드는 문장술

Part Ⅲ 잊지 못할 사례들

Part I

문장력은
생존력이다

드디어 강의가 시작되었다. 강의를 앞두고 수강
생들의 기분은 고조되어 있었다. 어떤 유용한 정보를 얻게 될까? 어
떤 경험을 하게 될까? 그리고 무엇을 배우게 될까?

나는 그들에게 상품과 기업을 살리는 글쓰기 비결을 통해 경이로
운 성과를 올릴 수 있는 방법을 전하겠노라고 약속했다. 또 그런 뛰
어난 문장을 쓰는 기초와 히트를 만드는 카피라이팅에 대한 개념도
철저하게 배울 것이라고 말했다.

하지만 가장 중요한 것은 그들이 첫 날 배우는 내용이 총체적인 커
뮤니케이션 학습에 기초가 될 거라는 점이다.

3층 높이의 아치형 천장으로 된 커다란 강의실에 수강생들이 모였
을 때, 나는 스태프들을 소개했다. 강의 조교와 스케줄 관리자, 메인
스태프, 나의 아내와 두 아이인 여섯 살의 에이프릴과 세 살의 질을
소개했다. 아내와 아이들은 마치 우리의 집처럼 이곳에 함께 머물러
주었다. 아이들은 아직 어린 나이였지만, 내 강의의 중요한 역할을
맡고 있었다.

강의 첫 날은 매우 중요한 날이다. 수강생들에게 첫 강의의 느낌이 가장 강렬한 인상으로 남기 때문이다. 그들은 이렇게 말하곤 했다.

"첫 날 저는 문장의 기술을 익혔을 뿐 아니라, 이익을 창출하기 위한 글쓰기와 전반적인 마케팅을 이해하면서 정말 신선한 충격을 받았습니다."

보스턴에서 왔다는 하비 시나몬이라는 사람은 이렇게 말했다.

"지금 당장 비즈니스 현장으로 돌아가도 될 것 같군요! 벌써 충분한 효과를 얻었습니다!"

펀드매니저 리처드 비게리는 첫 날 배운 내용이 자신의 비즈니스에 굉장히 소중한 내용이라며 이렇게 말했다.

"오늘 여기서 배운 내용들에 자극받아 무언가 하나라도 변할 수 있다면 그것만으로도 강의 비용은 아깝지 않겠군요."

자, 그럼 이제부터 내가 막대한 비용을 들여서 배워왔고, 수강생들이 많은 돈을 지불하면서 배우려고 하는 그 내용을 꼼꼼히 살펴보기로 하자.

1 지식의 비밀

히트를 만드는 문장술을 터득하기 위해서는 먼저 지식이 필요하다. 지식에는 두 종류가 있다. 첫 번째는 폭넓은 일반적인 지식, 또 하나는 대상을 좁힌 구체적인 지식이다.

세계적으로 유명한 카피라이터들은 대부분 호기심이 왕성하고 독서량이 많으며, 취미도 다양하고 여행을 좋아한다. 그들의 공통적인 특징은 다양한 기술을 익히고 나면 곧 싫증을 내고, 또 다시 새로운 기술을 익히는 데 있다. 항상 경험과 지식에 굶주려 있으며 주변 사람들에 대한 관심이 왕성하다. 그리고 다른 사람의 이야기를 잘 들어준다.

자랑은 아니지만 나 역시 그런 부류의 사람인 것 같다. 나는 아마추

어 무선을 즐기고 경비행기를 조종하는 파일럿이다. 취미는 인터넷서
핑, 음악, 영화, 여행, 미술, 디자인 등 다양하다. 조판에서 레이아웃
까지 모든 과정을 총괄하여 회사의 카탈로그를 직접 완성한 적도 있
다. 때로는 사진작가가 되어 촬영하기도 하고, 때로는 직접 모델이 되
기도 한다. 할 수 있는 스포츠도 많고 남극을 제외한 모든 대륙여행도
해보았다. 독일어도 구사할 수 있다. 그동안 수많은 실패와 성공을 경
험하기도 했다. 이런 모든 것들이 소중한 지식이 된다.

　뛰어난 글 솜씨를 지니려면 지식에 대한 욕구, 왕성한 호기심, 풍
부한 경험 그리고 무엇이든 귀찮아하지 말아야 한다는 점 등을 들 수
있다. 대부분의 위대한 작가들은 실로 다양한 경험을 하며, 그 경험
에 바탕을 두고 글을 쓴다. 헤밍웨이이나 스타인벡도 자신들이 직접
모험을 하고 나서야 비로소 위대한 책을 썼다. 누구나 경험이 많을수
록 다양한 지식이 쌓이게 되고 기억에 남는 글을 쓸 수 있으며, 비즈
니스에서는 신선한 컨셉으로 훌륭한 카피를 쓸 수 있다.

　그러나 그보다 더 중요한 것은 가능한 한
많은 것들을 경험하면서 실패를 두려
워하지 않는 태도다. 즉 인생의 승
패에 연연하는 것이 아니라,
정정당당히 도전하는 자세를
갖는 것이다. 누구나 숱한
패배를 맛본 후에는 언젠가
승리하게 되어 있다. 시간의
문제일 뿐이다. 폴라로이드

최고의 글은 왕성한 호기심과
다양한 경험, 지식들에서 나온다

카메라를 발명한 에드윈 랜드Edwin Land가 '실패'라는 단어를 정의한
말이 이를 멋지게 대변해 준다.

"실패란 아직 그 가치가 실현되지 않는 미래의 자산이다."

무언가를 이루기 위해 노력했지만 결국 실패했을 때, 랜드의 말을
떠올리기 바란다. "나는 지금 나의 미래를 위한 자산을 쌓고 있다"라
고 말이다.

아이디어를 낳기 위해 중요한 것

우리의 의식은 컴퓨터와 같다. 두뇌에 기억된 경험은 선악의 여부
를 떠나 모두 정보와 데이터로 축적되어 훗날 별도의 새로운 방식으
로 재조합된다. 따라서 경험이 쌓일수록 문제해결이 수월해지고 다
른 새로운 기회로 연결될 수 있다.

세상에 완전히 새로운 것이란 없다. 과거의 지식들을 끌어내어 다
시 새로운 방식으로 정리해 완성하는 것뿐이다. 창조와 파괴가 존재
하는 것이 아니다. 10억 년 전에 세상에 존재하던 것의 대부분은 지
금도 존재한다. 단지 그 형식과 양식이 새롭게 바뀌었다는 점만 다를
뿐이다.

경험과 지식의 축적이 많을수록, 또 지식들을 연관시켜 새로운 조
합을 다양하게 만들어낼수록 아이디어는 풍부해지고 글을 쓰는 역량
도 향상된다.

16

"망치만 갖고 있는 사람에게는 모든 것이 못으로 보인다"는 역설적인 격언이 있다. 이 말을 바꾸어 해석하면 문제에 접근하는 도구, 즉 경험과 지식이 풍부할수록 문제해결의 방법은 다양해진다는 의미가 된다.

현대의 독창적인 사상가 에드워드 드 보노Edward de Bono는 문제에만 집착하지 않고 아이디어를 창출하는 과정을 '수평사고'라는 말로 표현했다. 문제를 그 문제와는 전혀 상관이 없는 것과 연결시키면 종종 새로운 아이디어를 떠올릴 수 있는 것이다.

드 보노는 싱크탱크think tank라고 불리는 작은 물건을 만들었다. 이것은 인간의 수평적 사고를 유도하여 창조적인 생각을 할 수 있도록 도와주는 도구다. 공 모양의 물체 안에 단어들이 적힌 1만4천 개의 플라스틱 칩이 들어 있고, 구멍에 손을 집어넣어 칩을 꺼낼 수 있다.

세 개의 칩을 무작위로 골라 꺼낸 후, 거기에 적힌 각각의 단어로 문장을 만드는 것이다. 이는 문제해결을 위해 창조적인 아이디어를 얻기 위함이다. 가령, 당신이 노트북 컴퓨터 회사의 마케팅 책임자라고 가정해 보자. 당신은 노트북의 특징과 사양에 초점을 맞추어 마케팅 문구를 만들 것이다. 그런데 당신이 이 싱크탱크에 손을 집어넣었을 때, '농장'과 '영업사원', '배려'라는 전혀 관계가 없는 세 단어가 나왔다. 당신은 반드시 이 세 단어를 이용해 마케팅 문장을 만들어야 한다. 세 단어를 어떻게든 조합하기 위해서는 지금까지의 경험에 근거해 당신 두뇌 속의 '데이터 창고'를 모두 점검해야만 한다. 물론 노트북을 판매한다는 기본 전제를 잊지 않고 말이다.

수평적 사고는 하나의 도구에 지나지 않는다. 사전도 그렇고 우리의 마음도 마찬가지다. 문장을 만들 때 중요한 요소는 전혀 다른 것들을 연관시켜 새로운 아이디어를 끌어내는 능력이다. 경험 데이터가 풍부할수록, 또 데이터를 문제해결과 연관시키는 능력이 뛰어날수록 좋은 아이디어를 만들어낼 수 있다.

이제부터 해야 할 다양한 경험

한때 마케팅 천재로 일컬어지던 사람들이 이제는 회사를 경영하며 성공과 실패를 체험하고 있다. 벤 수아레즈Ben Suarez, 게리 헐버트Gary Halbert, 진 슈워츠Gene Schwartz 등 마케팅 분야의 귀재들이 자신의 회사를 설립해 시행착오를 거치면서 발전했다. 실패가 크면 성공도 큰 법이다. 체험에 비교할 만큼 가치가 있는 것은 아무것도 없다.

나 역시 수천 개의 상품 카피를 쓰고 1년에 수백 개 이상 돋보이는 아이디어를 만들어내야 한다는 압박감에 시달린 적이 있었다. 그리고 여태까지 써온 카피를 돌이켜보면 조금씩 향상되었음을 느낄 수 있다. 이것 역시 온갖 경험이 뒷받침되지 않으면 불가능한 일이었다. 당신은 그런 다양한 경험을 이 책을 통해서 배워야 한다. 나와 같은 실패를 경험하지 않고서도 터득할 수 있다는 의미다.

고객을 폭발적으로 늘리는 히트 문장을 쓰기 위한 준비, 그것은 이른바 라이프스타일의 문제이기도 하다. 거기에는 지식에 대한 욕구와 호기심, 넓은 세계에서 열정적으로 살아가려는 의욕이 반드시 깔려 있어야 한다. 당신이 만약 그런 부류의 사람이라면 이미 조건은 충분히 갖추어졌다고 할 수 있다. 설령 당신이 그런 사람이 아닐지라도, 일단 그 점이 중요하다는 사실을 아는 데서부터 출발하기로 하자. 희망은 언젠가는 이루어진다.

2 | 설득의 비밀

텍사스 주 달라스에 있는 센서워치SensorWatch 사의 연구실에서 있었던 일이다. 나는 현미경을 들여다보며 앞으로 광고할 새로운 디지털시계의 설계와 조립 방법을 배우고 있었다.

나는 기술자에게 "접속 단자를 금으로 도금한 이유가 있습니까?"라고 물었다. 그러자 그는 "모든 집적회로의 접속 단자는 금도금이 되어 있는데, 그것도 기술의 일종입니다"라고 대답했다.

이러한 대화는 계속 이어졌다. 벌써 이틀이 지났건만, 나는 여전히 새로운 디지털시계를 구석구석 조사하고 있었다. 아직 이 신제품을 광고를 통해 선보일 만한 단계에 이르지 않았기 때문이었다.

당시 대부분의 디지털시계는 시간을 확인하기 위해 버튼을 눌러서

액정을 밝게 비춰야 했다. 그런데 센서워치 사의 신제품에는 액정 뒷면의 얇은 캡슐에 든 불활성 방사성 물질 때문에 액정이 항상 밝게 빛나고 있었다.

사실이 설득력을 낳는다

그러므로 이 새로운 디지털시계는 굳이 버튼을 누르지 않아도 시간을 볼 수 있었다. 어두운 밤에도 시계는 효과를 발휘했다. 하지만 나는 이 제품에서 더 설득력이 강한 요소가 필요하다고 생각해 만족할 수 없는 상황이었다.

센서770이라는 이름의 이 시계는 제조비와 판매가가 꽤 비싼 신제품이었다. 그런 만큼 다른 시계들과는 달리 특별한 무언가 어필 요소가 필요했다.

"왜 아무도 방사성 물질을 시계에 사용하겠다는 생각을 하지 못했을까요?"

이것이 내가 가진 또 다른 의문이었다. 기술자는 나를 쳐다보더니 이렇게 말했다.

"방사성 물질을 투명한 캡슐에 넣고 새지 않도록 밀봉하는 기술이 없기 때문입니다. 레이저를 이용한 기술이 없이는 말이죠. 저희는 레이저로 캡슐을 밀봉합니다. 레이저 없이는 캡슐을 완전히 밀봉할 수 없습니다."

"바로 이거야!"

컨셉은 명쾌했다. 그리고 새로운 디지털시계의 첫 문구를 이렇게 만들었다.

레이저빔 디지털시계

카피에는 레이저빔 덕분에 이 시계를 만들 수 있었고, 이 신기술이 소비자에게 얼마나 희소식인지 자세하게 밝혔다. 이렇게 컨셉이 명쾌해지자 센서770은 불티나게 팔리며 수십억 달러의 매출을 올리고 엄청난 이익을 가져왔다. 캡슐을 밀폐하는 것이 레이저빔이라는 것을 알았을 때, 타사 제품과는 확연히 다른 이 독특한 문구를 생각해낼 수 있었다.

그러나 컨셉이 떠오를 때까지는 며칠에 걸친 철저한 연구와 학습이 필요했다. 컨셉은 몇 분 만에 떠오르는 경우가 있는가 하면, 몇 시간이나 어떤 경우에는 수 주일이 걸리는 경우도 있다. 이 시계의 경우는 구체적인 정보를 수집하면서 끈기 있게 견뎌낸 끝에 이루어진 성과였다.

전문가가 되라

카피의 효과를 높이려면 먼저 상품과 서비스의 전문가가 되어야 한다. 전문가가 된다는 것은 당신 회사의 상품에 대해 공부하고 본질을 전하기 위한 구체적인 지식을 얻는다는 뜻이다. "나는 우리 상품을 고객에게 효과적으로 설명할 모든 지식을 갖춘 전문가"라고 자신 있게 말할 수 있어야 한다. '구체적인 지식'이란 그런 것이다.

글을 쓸 때마다 매번 온갖 지식들을 취합하라는 이야기는 아니다. 나 역시 상품이나 서비스를 눈으로 훑어보기만 한 채, 과거의 경험이나 특정한 지식에만 근거하여 카피를 쓴 적이 몇 번 있다.

앞서 언급했지만 나는 경비행기 파일럿이며 아마추어 무선 활동을 하고 사진작가이기도 하다. 비행기, 라디오, 카메라 등에 관해서는 제품에 관한 지식은 물론 고객에 관한 지식도 풍부하다. 왜냐하면 바로 내가 대표적인 고객이기 때문이다. 마케팅의 대상이 되는 소비자들처럼 나 역시 그 상품들에 많은 신경을 쓰는 사람 중 한 명이다.

고객을 파악하라

이것이 또 하나의 핵심이다. 상품과 서비스에 대해 환하게 알고 있으면서, 더불어 고객에 대해서도 자세히 이해하고 있어야 한다. 판매 대상에 관한 구체적인 정보를 가지고 누가 고객인지 정확히 이야기할 수 있는 전문가가 되어야 한다. 자신이 전형적인 고객이기 때문에 이미 스스로를 전문가라고 생각하는 사람도 있을 것이다. 아마도 그런 경우에는 고객의 취향과 고객이 관심을 보이는 내용, 고객이 기업에 바라는 것 등을 당연히 알고 있을 것이다. 하지만 도무지 감이 잡히지 않는 상품과 서비스에 관한 글을 쓸 경우에는 반드시 고객층이나 고객을 움직이게 할 재료에 대해 먼저 연구해야 한다.

상품의 본질을 읽어라

고객과 상품에 그치지 않고 한 가지 더 이해해야 할 것이 있다. 각각의 상품에는 고객에 대한 상품 소개법이 있다. 즉 상품 하나하나에는 그 상품의 본질이 있기 때문에, 소비자에게 그 상품이 지니는 본질이 무엇인지 발견해야 한다.

예를 들어보자. 우리 집 지하실에서 내가 JS&A라는 회사를 창업할 당시, 나는 하워드 프랭클린이라는 사람과 알게 되었다. 하워드는 보험영업 사원으로 〈월스트리트 저널〉에 내가 낸 광고를 보고 계산기를 구입한 사람이었다. 그는 내가 회사를 차려 물건을 판 첫 번째 고객이었다. 그는 계산기가 맘에 들었는지 어느 날 다시 찾아와 계산기를 몇 대 더 구입했다. 그 후에도 가끔 자신의 고객에게 줄 선물이라며 계산기를 구입해 갔다.

그러던 어느 날이었다. 다시 하워드가 찾아왔다. JS&A는 성장하는 기업이니 보험에 들라면서 말이다.

"가족을 생각하십시오, 사장님. 재산은 충분할지 모르지만 사장님에게 만약 무슨 일이라도 생기면 어쩌겠어요. 상속세도 엄청나게 나올 것입니다."

하지만 나는 보험을 들 생각이 없었기 때문에 돌려보냈다. 하지만 하워드는 뛰어난 영업사원이었다. 그 후로도 가끔 잡지나 신문에서 JS&A의 계산기에 관한 기사를 발견하면 그것을 오려서 자신의 명함과 함께 보내왔다. 그러고는 다시 직접 찾아와서 계산기를 몇 대 구입하고 보험가입을 권유했다. 그럴 때마다 나는 똑같은 대답을 되풀이했다.

"충고는 고맙지만……."

그러던 어느 날, 옆집에
서 사이렌 소리가 들렸다.
무슨 일인가 싶어 살펴보
니 몇 분 뒤에 옆집 사람이 흰
시트에 싸여 들것에 실려 나왔다. 아

사람들은 필요성을 느껴야 행동한다
당신이 마케터라면 그때까지
씨앗을 뿌려두어라

침에 갑작스러운 심장 발작으로 사망한 것
이었다. 아직 40살밖에 되지 않은 사람이었다. 나는 당시 36살이었다.

다음 날 나는 하워드에게 전화를 걸었다.

"가족들과 저의 구체적인 보험 계획을 검토해 보고 싶군요."

나는 결국 하워드에게 보험을 들었다. 이는 하워드의 영업 수완과
끈질긴 노력의 결과였다. 하지만 이 경험을 통해서 나는 고객에게 상
품을 판매하는 정말로 효과적인 방법을 배울 수 있었다. 하워드는 내
마음속에 오래 전부터 '씨앗'을 뿌려놓았던 것이다. 왜 보험에 가입
하는가? 보험에 가입한다면 누구를 통해야 하는가? 좋은 친구나 좋
은 조언자란 어떤 사람인가? 이런 것들을 깨닫게 해주는 씨앗 말이
다. 언제 보험에 가입할 것인지는 고객인 나만이 결정을 내릴 수 있
다. 그리고 나에게도 일어날 수 있었던 일을 직접 눈으로 보고 나서
야 비로소 보험의 가치를 알게 되었다. 그 사건이 나를 움직이게 만
든 것이다.

이 경험이 말해 주는 중요한 사실은 상품의 본질이다. 각각의 상품
에는 각각의 본질이 있으며, 상품에 숨어 있는 컨셉을 효과적으로 끌

어내기 위해서는 그 상품의 본질을 이해해야 한다. 예를 들어, 보험에 가입한 경험에서 나는 도난경보기를 어떻게 광고하면 좋을지 알게 되었다. 결국 우리가 광고한 도난경보기 매출은 전국에서 최고 수준이 되었다.

마이덱스라는 도난경보기의 마케팅 문장을 쓸 때 나는 하워드를 떠올렸다. 고객에게 겁을 주어 물건을 파는 것은 고객을 위협하는 행위다. 만약 하워드가 "만일 사장님이 죽으면 부인과 자녀들이 거리로 내몰릴 수도 있습니다"라고 말했다면, 난 절대로 보험에 가입하지 않았을 것이다. 대신 하워드는 나에게 씨앗만 뿌려두었다.

모든 마케팅은 동일하다. 고객에게 심각성이나 위험성을 알려준다고 해서 판매할 수 있는 게 아니다. 고객이 필요성을 절실히 느껴야 구입할 것이다. 도난경보기의 경우, 옆집에 도둑이 들었다든지 도난당할 우려가 있는 고가품을 구입했을 때가 그렇다. 필요성을 느꼈다면, 다음에는 자신에게 맞는 제품을 찾을 것이다. 중요한 것은 경보장치가 제대로 작동하는지의 여부다. 작동할 상황이 자주 발생하는 것도 아니므로 결정적인 순간에 제대로 작동해야 하기 때문이다.

다음으로 중요한 것은 설치의 용이함이다. 외부인에게 의뢰하여 집안에 전선을 배치하는 등의 번거로운 절차가 없어야 한다. 그래서 나는 마이덱스의 카피를 쓸 때 상품의 신뢰성을 강조하면서 품질검사의 측면을 철저하게 부각시켰다. 그리고 미국의 유명한 우주비행사 월리 쉬라Wally Schirra를 모델로 기용하여, "마이덱스를 사용해 보니 집안에 값비싼 물건을 두어도 걱정할 것이 없어 매우 안심이 된다"라는 문장을 만들었다.

고객을 위협하지 말라

도난의 심각성을 들먹여 고객에게 겁을 주지 말아야 한다. 그건 마치 보험영업 사원이 고객의 집으로 찾아와 언제 죽을지 모르니 보험을 들라고 으름장을 놓는 것과 마찬가지다. 그런 방식은 고객의 저항심부터 키운다. 고객에게는 상품의 본질을 이해시키고 중요한 핵심만을 소개하는 데 그쳐야 한다. 그런 다음 고객이 자신의 일이라고 느껴 스스로 문의하도록 유도해야 한다.

도난경보기의 경우, 상품을 구매하기 전에 광고를 오려두었다는 고객들이 많았다. 도난 사건들은 항상 발생하는 법이다. 위기감이 고조되면 마침내 고객들은 직접 전화를 걸어 주문을 하기에 이른다.

우리는 다행히도 광고를 내자마자 이익을 거둘 수 있었고, 심지어는 광고를 그만둔 후로도 몇 개월간 계속 주문이 들어왔다. 당시의 전자제품들은 신제품 출시 후 몇 개월만 지나면 매출이 눈에 띄게 떨어졌음에도 불구하고, 이 도난경보기의 매출은 3년 이상 꾸준히 유지되며 회사 운영에 든든한 밑거름이 되어주었다.

최고의 카피를 쓰기 위해서는 상품에 대해 해박하고, 구체적인 정보를 지닌 전문가가 되어야만 한다. 그 예를 하나 더 들어보자.

미국에서 CB(무선통신) 붐이 일어나기 직전의 일이다. 미국 정부는 당시 에너지 절약을 위해 전국 도로의 제한속도를 낮추었다. 이 조치는 장거리를 오가는 트럭운전수에게는 사활이 걸린 문제였다. 그래서 그들은 CB무선기를 구입하여 서로 연락을 주고받았다.

운전수들은 대열을 짜 운전을 하면서 경찰을 발견하면 선두에서 달리던 트럭이 신호를 보냈다. 이런 효용성 때문에 CB무선기의 보급은 순식간에 확산되어 요즘의 GPS처럼 운전자라면 누구나 한 대씩 구입하게 되었다. 미국 전역에서 일종의 붐이 일었던 것이다. 인기가 높아 예약을 하지 않으면 구입할 수 없을 정도였다. 무선기 밀거래로 큰돈을 번 사람도 있었다.

아마추어 무선사였던 나는 무선통신의 즐거움과 자동차에 무선기를 설치했을 때의 장점을 잘 알고 있었다. 당연히 그 무선기 붐의 대열에 끼어보고 싶은 마음에 나도 CB무선기를 구입했다. 이렇게만 해도 CB 전문가로 불릴 만했다. CB는 익혀야 할 사항이 아마추어 무선보다 훨씬 수월했다.

CB 붐이 일기 시작할 무렵, 나는 시카고에서 열린 가전제품 전시회를 찾았다가 마이크 웨슬러라는 한 마케팅 담당자를 알게 되었다. 그는 어떤 신제품을 소개하고 있었다.

"이것이 소형 트랜시버입니다."

상품의 독자성을 놓치지 말라

그가 소개하는 은색의 소형 트랜시버는 그다지 대단한 상품처럼 보이지 않았다. 하지만 그는 이 상품에 집적회로가 내장되어 있다고 소개했다. 당시에 이런 종류의 신기술을 적용한 상품은 거의 없었고, 이 상품은 타제품에 비해 크기도 작았다.

그가 특징들을 설명하자 흥미가 생겼다. 크기가 작아서 바지 주머니에 들어갈 수 있을 정도였다. 나는 아마추어 무선가로서 궁금한 것을 질문했다.

"사용 주파수와 출력은 어느 정도입니까?"

"두 가지 주파수를 사용할 수 있습니다. 하나는 어떤 주파수를 사용하든 상관없지만, 나머지 하나는 27MHz대에 고정되어 있습니다."

나는 상품을 직접 시연해 보이려는 그에게 다시 물었다.

"27MHz면 CB 주파수 중의 하나와 가깝군요?"

"네. 12채널입니다. 하지만 그건 문제가 되지 않습니다. 12채널은 거의 교신이 없습니다. 보통 트랜시버용으로 사용되고 있죠."

그는 마치 상품의 결점에 대해 지적이라도 받은 것처럼 조심조심 설명했다.

나는 그에게 "괜찮습니다. 그것이 기회가 될 수 있죠!"라고 말했다.

바로 그거였다. 나는 이 제품을 '포켓 CB'라고 이름 붙이고 39달러 95센트에 총 25만개 가량 판매했다. 이만하면 대성공이라고 부를 만했다. 일반적인 상식과 이 트랜시버에 관한 구체적인 지식이 시너지 효과를 일으키며 이 상품의 독자성이 어필되었기 때문이다.

당신의 상품과 고객을 이해한다는 것이 얼마나 중요한지 철저히 인식할 필요가 있다. 구체적인 지식만이 당신의 생각을 말로 표현할 수 있게 해주고 전달해 주며, 다른 사람과의 차이를 낳는다.

3 성공의 비밀

    나는 종종 수강생들에게 고객을 폭발적으로 늘리는 문장술과 히트를 만드는 카피라이팅의 정의에 대해 묻는다. 그것은 말을 글로 올바르게 써내는 능력인가? 배우면 향상되는 기술인가? 카피라이터가 아닌데도 뛰어난 카피를 쓰기 위해서는 어떤 조건을 갖추어야 하는가?

    그리고 일반적인 지식과 구체적인 지식에 대해 이야기를 나눈다. 나아가 카피라이팅이란 그러한 질문들 이상의 그 무엇이라고 힘주어 말하곤 한다. 카피라이팅은 말하자면 사실이나 감정을 전달하기 위한 글쓰기다. 그래서 카피라이팅은 정신적인 작업이다. 나의 경우, 카피를 쓴 상황들이 매우 다양했다. 대부분은 글을 쓰기 전에 충분히 숙고한 뒤, 한 번 쓰기 시작하면 거의 수정을 거치지 않고 써내려가 완성했다. 나중에 여러 번 수정하여 최종 문구가 초고와는 완전히 다르게 완성된 경우도 있다. 세간에서 명문장이라고 큰 호평을 받았던 글을 비행기 안에서 완성시킨 적도 있다. 그리고 인터넷으로 성과를 거뒀던 적도 여러 번 있다.

연습하면 반드시 효과가 있다

이런 방법들의 공통된 핵심은 카피라이팅은 '자신의 생각을 정리한 다음 그것을 종이에 옮기는 정신적인 작업'이라는 점이다. 최선의 방법은 없다. 단지 각자에게 가장 적절한 방법이 있을 뿐이다.

하지만 일단은 글을 써보아야 한다. 이것이 가장 좋은 방법이다. 종이와 펜을 들고 먼저 써보는 것이다. 몇 번이고 되풀이해서 써보면 반드시 점점 나아지고 있음을 발견 수 있다.

신문에 기사를 응모해 보는 것도 한 방법이다. 나는 고등학교 시절, 교내 신문 발간에 참여하여 처음으로 글쓰기를 경험했다. 그때의 경험이 나에게 자신감을 주었다. 편지나 엽서도 괜찮다. 어떤 식으로든 기회를 만들어 글을 써보는 것이 중요하다.

내가 JS&A를 설립한 직후에 쓴 글들을 이제 와서 들여다보면 한심하기 짝이 없는 것들이 많다. 조잡하기 이를 데 없는 수준이다. 하지만 쓰면서 점점 요령을 터득했고 쓰는 능력은 날로 발전했다. 하지만 처음에는 상투적인 문구들만 늘어놓는 수준밖에 되지 않았다. 예를 들어, '세상이 기다리던 제품입니다'라는 식의 문구였다. 문장 자체도 지금처럼 세련되지 않았다.

글쓰기는 반복적인 경험만으로도 놀라운 효과를 거둘 수 있다. 세계적인 색소폰 연주자 케니 지Kenny G(본명은 Kenneth Gorelick)가 후배 연주자들에게 해준 단 한 마디는 "연습에 연습, 그리고 또 연습하라"였다. 무엇이든 연습할수록 큰 성과를 가져오는 것은 자명한 사실이다.

무엇이든 좋으니 일단 종이에 써라

문장을 쓸 때 이해해야 할 것 중의 한 가지가 대부분의 초고는 엉망이라는 점이다. 글의 진수는 그런 엉망인 초고를 다듬어 완성하는 데 있다. 말을 덧붙이거나 문장 자체를 삭제하기도 하고, 상황에 따라서는 단락의 순서를 바꾸기도 해야 한다. 어느 것이든 중요한 작업들이다. 나는 수강생들에게 자주 이런 말을 한다.

"여기에 모인 우리 모두가 상품 카피의 초고를 써본다면, 아마도 나의 초고가 가장 조악할 것이다."

글쓰기는 초고 이후의 작업을 통해 진정한 빛을 발한다. 초고의 목표는 상품이나 서비스에 대해 샘솟는 감정을 무엇이든 좋으니 종이에 일단 써보는 데 있다. 표현방식에는 신경을 쓰지 않아도 된다. 먼저 컴퓨터의 키보드나 원고지 등에 느낀 바를 실제로 기록하는 일부터 시작해야 한다.

이 책의 목적은 고객을 폭발적으로 늘리기 위한 글쓰기, 즉 히트를 만드는 문장술 터득에 있다. 누구나 마음을 움직이는 문장을 쓰고 싶어 한다. 고객이 애써 번 돈을 상품과 서비스에 기꺼이 지불하도록 만드는 문장을 쓰고 싶을 것이다.

비즈니스는 문장력이 생존력이다. 아무리 훌륭한 상품과 서비스가 있어도 그 장점을 제대로 전달하는 단어와 문장이 없으면 의미가 없다. 고객을 10배는 늘리는 데 필요한 글쓰기가 필요하다. 나 역시 그 노하우를 얻기 위해 비싼 수업료를 치러왔다. 내가 지금까지 터득한 노하우와 마케팅에서 얻은 경험은 돈으로 환산할 수가 없다. 그 내용들을 이 책에서 당신과 공유하고자 한다.

읽게 만드는 비결

이제부터 진정한 테크닉을 이야기해 보자. 폭넓은 지식과 소양이 무엇보다 중요하다는 것은 이미 언급했다. 그리고 자신이 몸담고 있는 기업의 상품과 비즈니스에 대한 구체적인 지식을 쌓는 것도 중요하다. 그러나 이제부터 배울 내용은 히트 상품을 만드는 문장 기법을 이해하고, 비즈니스가 성공하기 위해 반드시 필요한 노하우에 관해서다.

나는 앞으로 10가지 '원칙'들을 제시할 것이다. 모두 마케팅 문장술을 이해하기 위해 매우 중요한 요소들이다. 원칙들은 처음에는 잘 이해가 되지 않을 수도 있다. 그러나 패턴을 이해하고 활용할 수 있게 되면 뛰어난 문장력을 키울 수 있다.

여기서는 카피라이팅을 예로 들겠지만, 이 테크닉들은 비즈니스와 관련된 모든 문장력, 즉 홍보, PR, 프레젠테이션에 활용할 수 있다.

그림(p.38)의 CB무선기 광고를 보자. 이것은 지면 광고가 지녀야 할 요소들을 모두 갖추고 있다. 광고에서 각각의 '요소'가 지닌 '일반적인' 역할을 정의해 보면 다음과 같다.

- 헤드라인 시선을 끌어야 하고, 서브 헤드라인을 읽게 만들어야 한다
- 서브 헤드라인 약간 자세한 정보를 제공하고 헤드라인에 설명을 덧붙인다
- 사진과 그림 주의를 끌고 상품을 보다 선명하게 보여준다
- 캡션 사진이나 그림을 설명하는 중요한 요소로서, 대부분의 사람들은 이 부분을 읽는다
- 본문 카피 상품이나 서비스에 관한 핵심적인 내용을 담는다
- 부제 카피를 세분화하여 거부감을 줄인다
- 로고 상품을 판매하는 기업의 명칭을 표시한다
- 가격 값이 얼마인지 표기한다
- 주문 방법 쿠폰, 무료전화 등을 이용할 수 있는 방법을 알려준다. 말미에 넣는 경우가 많다
- 레이아웃 각각의 구성 요소가 효과적으로 보이도록 디자인하여 정리한다

각 요소와 역할을 이해했다면, 이제부터는 요소들에 공통되는 한 가지 목적이 있음을 기억해야 한다. 그것은 지극히 중요한 목적이며,

헤드라인

서브 헤드라인

부제

사진이나 그림

캡션

본문 카피

가격

로고

주문 방법

Pocket CB

New integrated circuit technology and a major electronic breakthrough brings you the world's smallest citizens band transceiver.

SMALL ENOUGH FOR YOUR POCKET

Scientists have produced a personal communications system so small that it can easily fit in your pocket. It's called the PocketCom and it replaces larger units that cost considerably more.

MANY PERSONAL USES

An executive can now talk anywhere with anybody in his office, his factory or job site. The housewife can find her children at a busy shopping center. The motorist can signal for help in an emergency. The salesman, the construction foreman, the traveler, the sportsman, the hobbyist—everybody can use the PocketCom—as a pager, an intercom, a telephone or even a security device.

LONG RANGE COMMUNICATIONS

The PocketCom's range is limited only by its 100 milliwatt power and the number of metal objects between units or from a few blocks in the city to several miles on a lake. Its receiver is so sensitive, that signals several miles away can be picked up from stronger citizens band base or mobile stations.

VERY SIMPLE OPERATION

To use the PocketCom simply turn it on, extend the antenna, press a button to transmit and release it to listen. And no FCC license is required to operate it. The Pocket Com has two channels—channel 14 and an optional second channel. To use the second channel, plug in one of the 22 other citizens band crystals and slide the channel selector to the second position. Crystals for the second channel cost $7.95 and can only be ordered after receipt of your unit.

The PocketCom components are equivalent to 112 transistors whereas most comparable units contain only twelve.

A MAJOR BREAKTHROUGH

The PocketCom's small size results from a breakthrough in the solid state device that made the pocket calculator a reality. Mega scientists took 112 transistors, integrated them on a micro silicon wafer and produced the world's first transceiver linear integrated circuit. This major breakthrough not only reduced the size of radio components but improved their dependability and performance. A large and expensive walkie talkie costing several hundred dollars might have only 12 transistors compared to 112 in the Mega PocketCom.

BEEP-TONE PAGING SYSTEM

You can page another PocketCom user within close range, by simply pressing the PocketCom's call button which produces a beep tone on the other unit if it has been left in the standby mode. In the standby mode the unit is silent and can be kept on for weeks without draining the batteries.

SUPERIOR FEATURES

Just check the advanced PocketCom features now possible through this new circuit breakthrough: 1) Incoming signals are amplified several million times compared to only 100,000 times on comparable conventional systems. 2) Even with a 60 decibel difference in signal strength, the unit's automatic gain control will bring up each incoming signal to a maximum uniform level. 3) A high squelch sensitivity (0.3 microvolts) permits noiseless operation without squelching weak signals. 4) Harmonic distortion is so low that it far exceeds EIA (Electronic Industries Association) standards whereas most comparable systems don't even meet EIA specification. 5) The receiver has better than one microvolt sensitivity.

The PocketCom measures approximately ¾" x 1½" x 5½" and easily fits into your shirt pocket. The unit can be used as a personal communications link for business or pleasure.

EXTRA LONG BATTERY LIFE

The PocketCom has a light-emitting diode low-battery indicator that tells you when your 'N' cell batteries require replacement. The integrated circuit requires such low power that the two batteries, with average use, will last weeks without running down.

The PocketCom can be used as a pager, an intercom, a telephone or even a security device.

MULTIPLEX INTERCOM

Many businesses can use the PocketCom as a multiplex intercom. Each employee carries a unit tuned to a different channel. A stronger citizens band base station with 22 channels is used to page each PocketCom. The results: an inexpensive and flexible multiplex intercom system for large construction sites, factories, offices or farms.

NATIONAL SERVICE

The PocketCom is manufactured exclusively for JS&A by Mega Corporation. JS&A is America's largest supplier of space-age products and Mega Computing is a leading manufacturer of innovative personal communication systems—further assurance that your modest investment is well protected. The

PocketCom should give you years of trouble-free service, however, should service ever be required, simply ship your 5 ounce Pocket Com into its handy mailer and send it to Mega's prompt national service by mail center. It is just that easy.

GIVE IT A REAL WORKOUT

Remember the first time you saw a pocket calculator? It probably seemed unbelieveable. The PocketCom may also seem unbelieveable so we give you the opportunity to personally examine one without obligation. Order only two units on a trial basis. Then really test them. Test the range, the sensitivity, the convenience. Test them under your everyday conditions and compare the PocketCom with larger units that sell for several hundred dollars.

After you are absolutely convinced that the PocketCom is indeed that advanced product breakthrough, order your additional units, crystals or accessories on a priority basis as one of our established customers. If, however, the PocketCom does not suit your particular requirements perfectly, then return your units within ten days after receipt for a prompt and courteous refund. You cannot lose. Here is your opportunity to test an advanced space-age product at absolutely no risk.

A COMPLETE PACKAGE

Each PocketCom comes complete with mercury batteries, high performance Channel 14 crystals for one channel, complete instructions, a 90 day parts and labor warranty. To order by mail, simply mail your check for $39.95 per unit (or $79.90 for two) plus $2.50 per order for postage, insurance and handling to the address shown below. (Illinois residents add 5% sales tax). But don't delay.

Personal communications is the future of communications. Join the revolution. Order your PocketComs at no obligation today.

$39⁹⁵ NATIONAL INTRODUCTORY PRICE

JS&A NATIONAL SALES GROUP

DEPT. PS   JS&A Plaza
Northbrook, Illinois 60062
CALL TOLL-FREE . . . **800 325-6400**
In Missouri call **800 323-6400**
© JS&A Group, Inc., 1976

September, 1975

마케팅 글쓰기에서 빼놓을 수 없는 테크닉이다.

이 광고를 본 고객은 먼저 오른쪽 윗부분에 있는 사진이 눈에 들어올 것이다. 그런 다음 헤드라인과 서브 헤드라인을 읽고, 주문용 무료전화가 있다는 사실을 알게 될 것이다.

전체적으로는 레이아웃을 살펴보기도 하고 간간히 배치된 부제들, 그리고 서체나 인쇄의 매력을 느낄지도 모른다. 문안에서 고객의 관심을 끌 만한 요소는 많다. 그러나 히트 상품을 만들기 위해 갖추어야 할 가장 중요한 원칙은 다음과 같다.

원칙 1

첫 문장을 읽게 만들어라

광고의 모든 요소는 오직 이 한 가지 목적 때문에 존재한다. 이 원칙은 어떠한 글쓰기에도 해당되는 원칙이다. 여기서 수강생들은 의아한 표정을 짓는다. 광고에 들어가는 각각의 요소에는 각각의 목적이 있다고 생각해 왔기 때문이다. 하지만 나는 이렇게 말한다.

"그렇지 않습니다. 광고의 모든 요소들은 본문 카피의 첫 문장을 읽게 만든다는 오직 그 한 가지 이유 때문에 존재합니다."

당신은 이렇게 반문할지도 모른다.

"그렇다면 헤드라인은 뭡니까? 적은 글자 수로 그 나름의 효용이 있는 게 아닙니까?"

잠깐 기다려보라. 일단 각각의 요소에는 첫 문장을 읽게 한다는 공통된 목적이 있다는 말에 집중하길 바란다. 아직 아무런 질문을 하지 마라. 결론을 서둘러서는 안 된다. 어쨌거나 이 원칙을 기억해 두기 바란다. 즉, "서브 헤드라인의 목적은 무엇인가"라고 누가 물었을 때, 적어도 내 강의에서는 "더 많은 정보를 제공하고 헤드라인에 설명을 더하기 위함이다"라는 상식적인 답변을 해서는 안 된다. 서브 헤드라인의 가장 중요한 사명은 첫 문장을 읽게 만드는 데 있다.

만약 누군가가 "광고에서 회사의 로고를 넣는 목적은 무엇인가"라고 물었다고 하자. 물론 "상품을 판매하는 기업의 신뢰를 확립하기 위한 것"이라고 대답할 수도 있고, "상품 이미지의 연속성을 제공하는 것"이라고 대답할 수도 있다. 하지만 정확한 대답은 "본문 카피의 첫 문장을 읽게 만드는 일"이다.

"로고가 본문 카피의 첫 문장을 읽게 만든다고?"

당신은 믿을 수 없다는 반응을 보일지도 모른다. 하지만 곧 알게 될 것이다. 나의 이야기를 겸허하게 받아들인다면 그 말이 틀림없는 사실임을 곧 알게 될 것이다. 무엇보다 중요한 것은 이 원칙을 항상 염두에 두고 글을 쓴다면 놀라운 효과가 있다는 사실이다. 일단 속는 셈 치고 이 원칙을 믿어보기 바란다. 나중에 이 원칙이 사실이라는 것을 확인할 수 있을 테니 말이다.

5 첫 문장의 비밀

당신의 CEO가 당신이 제출한 기획서의 첫 문장을 읽지 않았는데, 당신이 강조한 핵심 부분만을 골라 읽을 리는 만무하다. 광고의 목적이 사람들에게 카피를 읽게 만드는 것이라면, 이는 단적으로 말해서 첫 문장을 읽게 한다는 뜻이다. 즉 첫 문장이 무엇보다 중요하다는 의미다. 첫 문장이 그토록 중요하다면, 당연히 광고를 본 사람들이 첫 문장을 읽지 않으면 곤란할 것이다. 첫 문장을 읽지 않는다면 아마도 그 뒤의 문장들도 읽지 않을 것이기 때문이다.

그렇다면 어떻게 첫 문장을 읽게 만들 수 있을까? 간단하면서도 관심을 끌 수 있고 모든 소비자들이 마지막까지 문안을 읽도록 첫 문장을 쓰려면 어떻게 해야 할까?

짧게 써라

이것이 답이다. 성공적인 마케팅 문안의 전형적인 사례는 첫 문장이 굉장히 짧고, 대부분 문장의 형태도 제대로 갖추지 않는다는 점이다. 예를 들면, 다음과 같다.

다이어트는 어렵습니다!

컴퓨터를 싫어하는 당신!

그건 간단합니다!

운명적인 일이었습니다!

IBM은 컴퓨터 회사가 아닙니다!

첫 문장이 짧아 읽기 수월하면 사람들은 자기도 모르게 빨려들듯이 글을 읽기 시작한다. 이는 마치 기관차의 움직임과 비슷하다. 처음 출발할 때의 기관차는 풀가동 상태가 되어야 한다. 멈춘 차체를 움직이도록 만드는 데는 엄청난 에너지와 집중력이 필요하다. 하지만 한 번 움직이기 시작하면 점차 쉬워진다. 글도 똑같다.

글에 매료시키는 테크닉

신문이나 잡지에 실리는 수많은 기사들에 이 테크닉이 이용된다. 기사는 보통 큰 글자의 헤드라인으로 시작된다. 그리고 독자가 일단 기사를 읽기 시작하고 빨려들 듯이 본문으로 들어가면 글자들은 작아진다. 하지만 글자 크기는 중요하지 않다. 큰 글씨는 단지 독자를 글로 끌어들이기 위한 장치였기 때문에 이미 그 역할은 충분히 수행한 셈이다. 독자들을 계속 읽게 만들고 페이지를 넘기게 하는 것은 강렬한 문장의 힘이다.

광고의 경우 정말로 소비자가 상품에 관심을 갖고 있지 않는 한, 광고를 끝까지 읽게 만드는 데는 온갖 어려움이 따른다. 한편 이미 상품에 관심을 갖고 있는 사람들의 경우라면 그들의 눈을 계속 확실하게 붙잡아둘 필요가 있다. 긴 문장은 금물이다. 짧고 간결해야 한다. 문장으로서 약간 부족하다 싶을 정도의 길이로 쓰는 것이 그 다음 문장을 읽게 만드는 비결이다.

광고의 모든 요소가 첫 문장을 읽게 만들기 위해 존재하는 것이라면, 그렇게 중요한 첫 문장의 '목적'은 도대체 무엇일까? '상품의 편의성을 전달하거나 특징을 설명하는 것'이라고 생각하면 오산이다. 짧고

신문기사, 프레젠테이션, 광고, 기획서, 홍보문안 등,
모든 글은 첫 문장을 읽게 만들어야 한다

간단한 첫 문장에는 그 문장을 읽게 만드는 것 말고 또 어떤 역할이 있을까? 정답은 바로 두 번째 문장을 읽게 만드는 것이다. 그 이상도 그 이하도 아니다. 이제 당신은 알아차렸을 것이다.

두 번째 문장의 목적

이제 슬슬 글쓰기 기법을 이해하게 되었는가? 그렇다면 "두 번째 문장의 목적은 무엇인가"라는 질문에 "세 번째 문장을 읽게 만드는 것입니다"라는 대답이 나오면 된다. 틀린 사람들을 위해서 다시 한 번, "세 번째 문장의 목적은 무엇인가"라는 질문을 던져보겠다. 어떤가? "네 번째 문장을 읽게 하기 위한 것입니다"라고 대답했는가? 축하한다.

그렇다면 처음 몇 줄의 문장에서 상품의 편의성에 대해 언급을 해야 할까 말아야 할까? 혹은 상품의 내용이나 상품성에 대해서는? 정답은 물론 '그렇지 않다' 이다. 광고의 처음 몇 문장은 오로지 다음 문장을 읽게 만드는 것이 목적이다.

확실히 어느 시점에선가는 상품의 특징이나 편의성에 대해 언급해야 할 것이다. 하지만 광고의 시작 부분에서는 어떤 희생을 치르더라도 먼저 고객의 관심을 끄는 것이 중요하다. 이 점이 부족하면 고객은 흥미를 잃고 광고에서 눈을 돌려버린다. 이렇게 해서 글쓰기의 두 번째 원칙을 정리할 수 있다.

첫 문장의 유일한 목적은 두 번째 문장을 읽게 하는 것이다

가령 마케팅을 위해 사람들을 모아 놓고 어떤 상품에 대한 프레젠테이션을 하는데, 고객이 잠이 든다거나 회의장을 나가버린다면 아무 의미가 없을 것이다. 광고도 마찬가지다. 고객이 처음 몇 문장의 단어 하나하나에 집중하지 못하면, 그 다음의 '판매로 이어지는 문구'를 읽을 가능성은 거의 없다고 봐야 한다.

큰 성과를 올리는 마케팅 문안 대부분이 이 방식을 철저하게 지킨다. 그렇다면 광고의 앞부분에 판매 문구를 넣으면 어떨까? 물론 그것도 가능한 방법이긴 하지만 큰 효과는 없다. 나는 시험 삼아 몇 차례 판매 문구를 광고의 맨 앞에 넣는 시도를 해보았지만, 매번 결과는 좋지 않았다.

어쨌거나 광고의 모든 요소가 지닌 목적은 단 하나뿐이다. 사람들에게 본문 카피의 첫 문장을 읽게 만드는 것이다. 그리고 첫 문장은 읽기 쉽게 써서 확실하게 소비자의 눈을 붙들어야 한다. 이는 모든 비즈니스 글쓰기의 핵심이다. 이 노하우만 자신의 것으로 만든다면 설득력 있는 글을 쓸 수 있고, 카피라이팅도 제대로 이해한 것이다.

6 미끄럼틀 효과

지금까지 문장술에 관한 몇 가지 중요한 핵심을 배웠다. 먼저 당신은 다양한 경험과 지식을 쌓아야 한다. 구체적인 지식을 얻기 위한 도구도 마련해야 한다. 그리고 실천과 연습만이 위대한 스승이라는 점을 배웠다. 문장이란 써보면 써볼수록 매끄러워진다. 카피라이팅이란 머릿속의 아이디어를 문장으로 바꾸는 정신적인 작업이라는 것도 배웠다. 다음에는 이 책만의 독자적인 세계에 들어왔다. 헤드라인이나 캡션, 로고 등의 광고 요소가 어떤 역할을 하는지 알게 되었다. 그리고 각각의 광고 요소들의 가장 큰 목적은 '사람들에게 첫 문장을 읽게 만드는 것'이라는 사실도 배웠다. 그리고 첫 문장의 유일한 목적은 두 번째 문장을 읽게 하는 것이며, 두 번째 문장의 목적은 세 번

째 문장을 읽게 하는
데 있음을 알았다.

　대부분의 소비자
들은 광고의 처음 몇
문장을 읽고 상품에 대해
좋은 느낌을 받거나 공감을
하게 된다. 여기서 등장하는
것이 '미끄럼틀 효과'라 불리는
매우 중요한 기술이다.

미끄럼틀에 걸리면 잠재고객은
끝까지 미끄러져 내려와
구매 결정을 할 수밖에 없게 된다

　공원에 있는 미끄럼틀을 상상해
보자. 미끄럼틀에 왁스까지 칠해놓
았다고 가정해 보자. 미끄럼틀에 올
라가서 중력에 몸을 맡기고 미끄러져
내려온다. 일단 미끄러지기 시작하면
가속이 붙어 미끄럼틀을 손으로 붙잡고 멈춰보려 해도 멈출 수가 없
다. 미끄러지지 않으려고 애써도 계속 미끄러질 뿐이다. 히트 상품을
만들려면 마케팅 카피도 이렇게 진행되어야 한다.

　광고의 모든 요소는 이 미끄럼틀 효과에 근거해야 한다. 헤드라인
을 설득력 있게 제시하면 독자는 이어지는 서브 헤드라인에 관심을
갖게 된다. 첫 문장이 읽기 쉽고 흥미로우면 지체 없이 두 번째 문장
을 읽기 시작할 것이다. 이런 방식으로 마지막까지 연쇄 작용이 일어
난다.

흐름을 타게 만든다

어느 따사로운 봄날 오후, 「사이언티픽 아메리칸Scientific American」지의 독자로부터 자동온도조절기 광고에 관한 한 통의 편지가 배달되었다. 한 여성 소비자가 보낸 편지였는데 내용은 다음과 같았다.

"나는 자동온도조절기가 필요하지도 않고 별로 관심도 없습니다. 저는 원래 신문이나 잡지 광고는 거의 보지 않고, 설령 읽는다고 해도 간단히 훑어보는 정도입니다."

그녀는 상기된 문체로 글을 이어갔다.

"그리고 저는 1분 1초가 아쉬운 과학자입니다. 그런데 귀사의 광고를 읽기 시작하자 결국 끝까지 다 읽었고, 저의 소중한 시간을 5분이나 써버렸습니다. 너무 시간이 아까워 이렇게 항의 편지를 씁니다."

카피라이터로서 이렇게 기분 좋은 항의 편지는 처음이었다. 대부분의 사람들은 잡지를 대강 훑어보는 경향이 있다. 사람들이 잡지에 실린 광고를 끝까지 읽게 할 수 있다면 그 광고는 실로 많은 구매를 이끌어낼 수 있을 것이다. 이처럼 미끄럼틀 효과가 발휘되는 광고는 '집객'에 한층 힘이 실린다. 소비자들에게 광고를 전부 읽게 만들어 구매 결정을 더 빠르게 얻어낼 수 있기 때문이다.

'집객'이란 말은 소매업계에서 환영받는 단어다. 집객에 성공한 매장은 거의 예외 없이 큰 매출을 올린다. 다만 이러한 매장의 집객 능력은 광고로 치면 카피를 읽어준 잠재고객에 지나지 않는다. 손님이 모여들기만 했지 아직 실제 구매자가 되지는 않았다는 뜻이다. 그러므로 최대의 판매부수를 자랑하는 신문에 광고를 내도 그 광고가 실제 판매로까지 이어진다고는 장담할 수 없다.

집객 능력이란 엄밀히 말하면 당신의 카피를 읽는 소비자의 숫자다. '읽는다'는 것은 카피의 마지막까지 미끄럼틀을 타고 막힘없이 내려오는 것을 말한다. 소비자가 적절한 시점에서 광고를 읽어준다면 미끄럼틀 효과를 얻는 것은 그리 어렵지 않다.

실제로 사람들이 광고의 4분의 1이상을 읽으면 마지막까지 다 읽을 확률이 97.2퍼센트라는 데이터가 나와 있다. 그러므로 무엇보다도 문단의 첫머리에 멋진 문구를 제시함으로써 매력을 느끼며 끝까지 읽게할 수 있다면, 미끄럼틀은 제어할 수 없이 미끄러워질 것이다.

알고 싶어서 근질거리게 만드는 장치

최근 몇 년 동안 우리 JS&A 사가 만들었던 광고 중에서 미끄럼틀 효과를 보여주는 사례를 들어보기로 하자. 앞에서 자동온도조절기의 예를 들었으므로 일단 그 광고부터 시작하자. 다음과 같은 헤드라인과 서브 헤드라인으로 시작된다. 광고의 첫머리 두 단락도 함께 적었다.

헤드라인 **마법의 바보상자**

서브 헤드라인 제품을 보시면 저희 광고사가 왜 매직 스탯이라는 이 자동온도조절기에 대해 좋은 평가를 내리지 않는지 그 이유를 이해 하실 수 있을 겁니다. 기적이 일어나지 않는 한 말이죠.

사진 캡션 액정 화면도 없고 볼품없는 케이스에 이상한 이름까지……. 당연히 이 상품에 대한 흥미는 생길 수가 없었죠.

본문 카피 화려한 세일즈 문구를 기대하셨다면 죄송합니다. 저희는 매직 스탯이 얼마나 훌륭한 자동온도조절기인지 이야기하려는 것이 아니라, 이 제품을 철저히 무시하려고 합니다.

우리가 처음 매직 스탯을 보았을 때, 먼저 그 이름에 실망했고 싸구려 플라스틱 케이스에 또 한 번 실망했습니다. 그리고 액정 화면도 없었죠. 제조사의 직원이 기능들을 설명해 주기 전까지는 제품에 대한 실망감뿐이었습니다.

이 광고를 읽은 당신은 분명히 미끄럼틀을 타고 내려가기 시작하며 멈추지 못했을 것이다. 자동온도조절기를 살 마음 따위는 없는데, 무심결에 카피를 읽고 있는 것이다. 도대체 어떤 전략 때문에 이런 미끄럼틀 효과에 걸려든 것일까?

먼저 광고의 레이아웃을 아주 산뜻하게 꾸몄다. 문장의 뉘앙스는 진가를 알기 전까지 무시하던 상품을 취급하게 된 광고사의 분위기로 정했다.

물론 그 다음 문장은 몇 가지 장점과 굉장히 뛰어난 특징을 발견해 내어 결국에는 매직 스탯이 훌륭한 제품임을 광고사인 우리도 인정할 수밖에 없었다는 논리가 이어진다. 마지막은 이렇게 끝맺었다.

하지만 외양과 실제 가치는 아무런 상관이 없더군요. 이름도 중요하지 않구요. 다만 좀 더 인상적인 이름이길 바랐던 건 사실입니다. 예를 들어, '트윙클 템프' 같은 이름으로 말입니다.

이 광고는 3년 이상 신문과 잡지에 게재되며 우리 회사의 주요 수입원이 되었고, 매직 스탯을 만든 회사가 미국 유수의 자동온도조절기 제조 기업으로 포지셔닝되는 데 결정적인 역할을 했다. 이윽고 2년에 걸친 마케팅이 끝나자 매직 스탯의 사장이 전화를 걸어왔다. 엄청난 매출과 인지도 상승에 감사한다는 전화였다.

"JS&A가 없었다면 우리 회사는 출발하지도 못했을 겁니다."

"그런데" 하면서 그가 덧붙였다.

"이번에 2천만 달러에 회사를 하니웰에 매각했습니다. 앞으로는 하니웰의 마케팅 매니저와 함께 일하시면 됩니다."

그 후 하니웰이 이 회사를 경영하면서 우리의 광고대행 수입도 거의 5배 가까이 뛰어올랐다.

미끄럼틀 효과의 또 다른 예로는 내가 설립한 '진귀한 물건'만을 취급하는 컨슈머스히어로라는 회사의 광고다. 당신이 어느 잡지를 넘기다가 무심코 다음과 같은 카피를 읽었다고 치자.

헤드라인 '장물'을 팝니다

서브 헤드라인 소비자 위주의 새로운 컨셉 등장! 리스크를 감수할 각오가 되어 있다면 장물을 구입하실 수 있습니다.

강조 카피 들킬 걱정은 안 하셔도 됩니다. 보증도 해드립니다. 당사의 장물은 거의 신제품이며, 원래의 주인은 알 방법이 없습니다.

대부분의 소비자는 본문을 읽지 않고는 못 견딜 것이다.

본문 카피 획기적인 소비자 마케팅 컨셉이 등장했습니다. 바로 '장물 구매' 입니다.

그렇다면 이제부터 사실을 말씀드리겠습니다. 소비자들은 많은 것을 빼앗기고 있습니다. 인플레이션 때문에 구매력을 잃었고 돈의 가치는 계속 하락하고 있습니다. 일반 소비자들은 힘없이 약탈당하고 짓밟히고 있습니다. 이제 빼앗기기만 하던 소비자들이 반격에 나설 차례입니다. 먼저 단체를 결성합시다. 정치계에 로비 활동을 벌여 물가 상승과 싸웁시다. 고객들에게 필요한 것은 '가치' 입니다.

그래서 우리는 가치를 전면에 내세운 새로운 컨셉을 만들었습니다. 정리해서 말하자면 이런 이야기입니다. 유복한 기업에서 훔쳐내어 어려운 소비자에게 환원하자는 것입니다. 환경도 보호할 수 있고 잘하면 큰돈도 모을 수 있습니다.

이 문장 다음에 컨셉 설명이 이어진다. 불량품을 사서 수리를 한 후, 5달러의 입회비를 내고 가입하는 클럽을 통해 고객에게 제공한다. 가입자들에게는 상품소개 뉴스레터를 보낸다. 광고의 말미에는 이런 내용을 정리해 놓았다.

위의 내용이 저희의 컨셉입니다. '조악한 잡동사니'를 재활용하여 새 상품으로 변신시키자는 겁니다. 게다가 5년간의 보증기간도 있습니다. 이는 곧 유복한 기업들에게서 빼앗아 어려운 소비자에게 환원하는 것과 마찬가지입니다. 열심히 노력하여 명예로운 이익을 얻자는 취지입니다.

이 두 사례는 내가 오랜 기간 활용해 온 미끄럼틀 효과의 일부 사례에 불과하다. 헤드라인을 읽으면 저절로 첫 문장을 읽게 되고, 이어지는 미끄럼틀에서 벗어날 수 없다. 당신은 스스로 눈치를 채지도 못한 사이에 미끄럼틀을 타고 끝까지 내려오고, 결국 마케팅 문구를 모두 읽게 되는 것이다.

비유를 하면 당신이 내 가게에 들어와 상품을 철저히 살펴보기 전에는 나가지 않는 것과 마찬가지다. 또는 내가 개인 공간에 당신을 초대하여 상품을 실제로 보여주었다고 치자. 당신은 설득에 마음이 움직여 상품을 이리저리 살펴본다. 게다가 나는 당신이 보기에 성실하고 정직했다. 당신은 결국 상품의 필요성을 완전히 납득하고 구입을 결정한다.

이상이 미끄럼틀 효과, 즉 소비자들이 카피를 모두 읽는 과정이다. 이를 원칙으로 만들면 이렇다.

원칙 3

미끄럼을 타고 내려오듯이, 처음부터 끝까지 모두 읽게 만들어라

7 호기심의 씨앗

집객 능력이 마케팅에서 키워드라는 사실을 우리는 배웠다. 집객 능력을 높인 매장은 거의 예외 없이 매출이 증가한다. 사든 안 사든 일단 들어오게 만들어야 일이 벌어진다. 이런 집객 능력을 광고로 치면 사람들에게 카피를 읽게 만드는 것으로서, 광고를 읽는 독자 수를 늘리면 구매자도 늘어나는 이치다.

독자 수를 늘리는 방법의 하나로 '호기심의 씨앗' 이라고 불리는 것이 있다. 문단의 마지막에 다음 문단을 계속 읽고 싶게 만드는 아주 짧은 문장을 삽입하는 것이다.

예를 들어, 이런 식이다.

하지만, 이것만이 아닙니다.

다음 부분을 읽어보세요.

이것으로 끝이 아닙니다.

그럼 설명하겠습니다.

지금부터가 핵심입니다.

예를 들어, 카피의 기세가 꺾인 곳에서도 호기심의 씨앗을 뿌리면 독자들은 무의식중에 문장을 계속 읽게 된다. 이는 TV 등에서 자주 사용하는 방법이기도 하다. 광고 직전에 쇼 프로그램의 진행자는 이렇게 말한다.

"광고 후에 최초로 TV에 공개되는 영상이 있습니다. 채널을 고정하세요."

신문들도 모두 이 방법을 사용한다. 대부분의 마케팅 카피는 이런 호기심의 씨앗을 사용함으로써 더욱 더 효과적이 된다. 다만 어느 경우나 그렇지만 과유불급을 명심하자. 적당히 사용해야 품위가 유지되고 효과적이다.

내용에 빠져들 수밖에 없게 한다

호기심의 씨앗을 사용하는 방법에는 또 다른 것도 있다. 광고 첫머리에 사용하여 나중에 설명할 해당 상품의 편의나 이점을 미리 언급하는 방식이다. 그러면 독자는 그 이점을 찾기 위해 광고를 모두 읽게 된다.

이 테크닉의 좋은 예가 앞에서 언급한 컨슈머스히어로의 광고다. 모든 내용을 읽지 않으면 중요한 내용을 파악할 수 없는 광고다.

집객 능력과 마케팅의 관련성을 이해하고 나면, 소비자들에게 카피를 전부 읽게 하는 데 미끄럼틀 효과가 얼마나 중요한지 알 수 있다. 그리고 미끄럼틀에서 잘 미끄러지게 만드는 테크닉 중의 하나가 바로 호기심의 씨앗이다.

독자들을 카피에 빠져들 수밖에 없게 만드는 것이다. 헤드라인을 읽고 헤드라인에 이끌려 서브 헤드라인을 읽는다. 그 다음에는 본문의 첫 문장이 읽고 싶어진다. 그렇게 점점 빨려들어 절반 쯤 읽고 나면, 미끄럼틀에서 벗어날 방법이 없다. 이것이 바로 우리가 목표로 삼아야 할 상황이다.

미끄럼틀 효과와 호기심의 씨앗에 대한 개념을 이해했다면, 카피라이팅의 가장 강력한 두 가지 도구를 손에 넣은 셈이다.

원칙 4

호기심을 자극해 흥미를 연장시켜라

8 컨셉의 비밀

마케팅 문장술의 원칙 중에서 가장 중요하고 기본적인 것이 바로 컨셉에 관한 원칙이다. 실제로 이 내용을 이해하면 히트 상품을 만드는 문장의 요령을 터득했다고 말할 수 있다.

원칙 5
팔아야 할 것은 상품이 아니라 컨셉이다

컨셉이란 무얼 의미하는가? 같은 의미의 단어들은 많이 있다. 예를 들어, 예전에 광고계를 흔들었던 용어 중에는 '포지셔닝'이라는 단어가 있었다. 상품이 소비자에게 어떻게 어필하느냐에 따라 시장에서의 위상이 정해진다는 것이다.

그밖에 마케팅에 흔히 사용되는 용어로 '빅 아이디어'나 '유니크 셀링', '마케팅 트릭' 등이 있는데, 어떻게 불리든 기본적으로는 같은 맥락이다. 스테이크가 아니라 고기 굽는 소리를 파는 것이다. 상품이 아니라 컨셉을 판다는 뜻이다.

이 원칙에서 유일한 예외는 상품이 독특하거나 완전히 새로워서 상품 자체가 컨셉이 되는 경우다. 디지털시계를 예로 들어보자. 디지털시계가 세상에 처음 등장했을 때는 재고가 거의 남아나지 않을 정도로 불티나게 팔렸다. 내가 처음 디지털시계를 광고할 때는 그 새롭고 다양한 특징들을 설명하고 주문을 받는 것으로 충분했다. 하지만 디지털시계가 일반화되고 그 기능과 사용법을 누구나 알게 되자 마케팅 문안은 회사마다 각자의 컨셉으로 각각의 특징을 두드러지게 내세워야만 했다. 예를 들어, 세계에서 가장 얇다든지 알람기능이 내장되어 있다든지, 고급 벨트의 포함 여부나 최고의 품질, 아니면 제조공정이나 레이저빔 등을 선보였다. 각자 내세우는 컨셉이 달랐다. 이제 디지털시계는 컨셉으로 파는 품목이 되었다. 상품 자체는 이미 컨셉이 될 수 없었다.

포켓CB도 마찬가지였다. 출시 초기의 컨셉은 이미 포켓CB라는 명칭 속에 있었다. 그러므로 헤드라인도 '포켓CB'가 가장 적절했다. 세상에는 트랜시버도 있고 모바일 CB도 있었지만, 포켓CB는 처음이었다. 명칭 자체로도 충분히 컨셉을 설명하고 있었다. 당시, 영화 〈대부〉로 유명한 배우 말론 브란도가 직접 나의 사무실에 전화를 걸어온 적이 있었다. 포켓CB에 대해 좀 더 자세히 알고 싶다는 내용이었다. 그는 내 사무실에서 10km 가량 떨어진 시카고 근교의 리버티 빌딩에서 전화를 걸고 있다면서, 자기 여동생의 농장이 그곳에 있다고 했다. 나는 "원하신다면 무료로 하나 드리죠. 당신을 만날 수 있다면 직원들도 영광으로 생각할 것입니다"라고 말했지만, 워낙 사생활을 중시하는 사람이어서 내 사무실로 직접 찾아오지는 않았다.

그밖의 예로는 연기탐지기가 있다. 이것은 연기탐지기로 묘사되는 대신 헤드라인이 딱 한 문장, '냄새가 납니다'로 정해졌다. 이는 천장에 붙이면 공기 중의 연기 냄새를 맡는 상품이었다. 물론 판매는 순조로웠다.

상품과 컨셉을 조화시켜라

컨셉은 상품에 따라 자연스럽게 떠오르는 경우도 있고, 따로 만들어야 할 경우도 있다. 우리는 별다른 카피를 붙이지 않고 상품을 카탈로그만으로 소개한 적이 있었는데, 그 중에서 특히 두 가지 상품이 잘 팔렸다. 두 상품 각각의 광고를 만드는 대신, 컨셉을 통일한 하나의 광고에 두 개의 상품을 나란히 광고해 보았다. 상품은 여행용 소형 알람시계와 체스 컴퓨터였다. 각각의 컨셉을 내세우는 대신, '승자'라는 헤드라인으로 두 가지 제품이 우리 회사의 카탈로그에서 가장 잘 팔리는 상품이라고 서술했다. 헤드라인은 두 상품을 '승자'라는 공통된 컨셉으로 묶어주었고, 이 카탈로그에 대한 사람들의 관심도 높였다.

체스 컴퓨터의 매출이 지속적으로 늘어나던 어느 날, 홍콩 지사에서 전화가 걸려왔다. 전화를 건 사람은 홍콩 지사장 피터 오주였다.

"회장님, 좋은 생각이 있어요. 소련(당시)의 체스 챔피언 아나톨리 칼포프가 체스 컴퓨터를 추천하게 하면 어떨까요? 저에게 연줄이 있어요. 그러면 체스 컴퓨터의 매출이 더욱 늘어날 겁니다."

"정말 그렇겠군!"

하지만 잠깐! 칼포프의 컨셉을 한 번 생각해 보아야 했다. 단순히 상품을 추천하는 일에 그칠 것이 아니라, 컴퓨터와 칼포프가 대전을 치르게 하면 어떨까? 우리는 실제로 그 아이디어를 실행에 옮겼다. 칼포프의 이름이 들어간 최초의 광고는 '소련에 도전하다' 라는 헤드라인이었다.

헤드라인 소련에 도전하다
서브 헤드라인 미국의 체스 컴퓨터가 소련의 체스 왕자를 이길 수 있을까? 미국의 최신 기술과 소련의 심리 병기가 만났다!
본문 카피 소련은 체스를 단순한 게임으로 생각하지 않고 심리적인 무기로 생각한다. 이는 공산주의 문화와 서구문화 간의 알력의 상징이다. 그러므로 소련의 아나톨리 칼포프와 소련에서 미국으로 망명한 빅토르 코르치노가 대전을 벌였을 때, 소련은 최면술사와 신경심리학자 등을 동원하여 칼포프를 전폭적으로 지원했다. 그리고 칼포프는 승리했다. 명실공이 체스의 챔피언이 된 것이다. 하지만 그는 미국의 최신 기술, 그 중에서도 JS&A의 새로운 체스 컴퓨터와 대전을 벌인 적은 없다.

물론 이 다음에 칼포프에게 도전한다는 내용이 이어진다. 그것이 컨셉이었다. 우리는 체스 컴퓨터를 팔고 있는 게 아니었다. '소련의 체스 챔피언에 대한 도전'이라는 컨셉을 팔면서, 그 결과로서 체스 컴퓨터를 팔려는 의도였다. 덕분에 상품에는 더욱 무게가 실렸고, 프로모션의 호소력도 훨씬 강해졌다. 광고는 그 후 상품의 기능이나 특징에 대해서 설명하고, 마지막 부분에서 칼포프에게 도전하는 내용으로 끝맺었다.

컨셉을 팔면 성공한다

이 광고가 미국 전역에 나갔을 때 우리에게 해외 긴급 팩스가 도착했다. 칼포프로부터였다.

"허가 없이 내 이름을 도용했으니 고소하겠다."

아나톨리 칼포프라는 서명도 있었다.

피터는 분명히 허가가 났다고 했었다. 나중에 계약서를 보낼 테니 먼저 광고를 게재하라고도 했었다. 나는 그 말을 따랐을 뿐이었다. 그렇다면 이제 어떻게 해야 할까? 간단하다. 다음번 광고의 헤드라인이 떠올랐다.

"초강대국 소련이 미국의 중소기업 JS&A를 공격하다."

얼마나 멋진 컨셉인가? 하지만 광고 문구를 채 완성하기도 전에 피터에게서 다시 연락이 왔다. 그 역시 팩스를 받았고, 즉시 칼포프의 에이전트와 이야기를 나누어 모두 원만히 해결되었으니 걱정하지 말라는 전화였다. 칼포프가 체스 컴퓨터를 추천할 예정이니 광고를 계속할 수 있다는 내용이었다.

우리는 거기서 힌트를 얻어 세 번째 광고 문구를 만들었다. 제목은 '칼포프도 승인'이었다. 본문 카피는 "이유는 모르겠지만 칼포프는 체스 컴퓨터와의 대전을 거부했습니다. 대신 그는 우리 회사의 체스 컴퓨터를 추천해 주었습니다. 미국인들이 이 컴퓨터를 이용하여 체스 실력이 향상되기를 바란다면서 말입니다"라는 내용이었다.

광고는 세 가지 모두 대성공이었고, 체스 컴퓨터는 순식간에 2만대 이상 팔려나갔다. 세 가지 광고는 각각 다른 컨셉이었다. 우리가 성공의 기쁨을 누리는 동안, 체스 컴퓨터를 팔고자 하는 경쟁상대가 우후죽순처럼 출현했다. 하지만 우리만큼 성공한 회사는 한 군데도 없었다. 그들은 '소련에 도전하다'나 '칼포프도 승인'이라는 컨셉이 아니라, 체스 컴퓨터 자체를 팔려고 노력했다.

단순히 상품만을 팔기 위한 광고가 되지 않도록 주의하길 바란다. 필요한 것은 컨셉이다. 여태까지 없었던 독특한 컨셉을 생각해낸다면 성공 확률은 훨씬 높아진다. 여기저기서 당신의 능력을 인정하는 소리가 들려올 것이다.

가격을 바꾸는 것만으로 컨셉이 바뀌었다

가격만 바꾸어도 컨셉이 변하는 경우가 있다. 예를 들어, 포켓CB의 경우 39달러 95센트로 팔 때는 CB라디오처럼 본격적인 전자제품으로 인식되었다. 그런데 가격을 29달러 95센트로 내리자 세련된 트랜시버라는 이미지로 그 느낌이 바뀌었다. 그리고 19달러 95센트까지 가격을 내리자 포켓CB는 완구 취급을 받았다. 마케팅 카피에는 변함이 없었음에도 불구하고 말이다.

컨셉 찾기는 쉬운 일이 아니다. 적절한 아이디어, 적절한 포지션을 발견해내기 위해서는 개념적 사고의 테크닉이 필요하다. 레오버넷이라는 광고사가 그런 광고를 낸 적이 있다. 이번 장의 핵심을 제대로 이해한 내 맘에 쏙 드는 광고 중 하나였다. 〈에드버타이징 에이지 Advertising Age〉에 전면 광고로 게재되었다.

광고사에게 가장 중요한 일은 광고주의 상품을 가능한 한 모든 각도에서 바라보는 것입니다. 정면, 후면, 측면에서 그리고 뒤집어보기도 하고 안팎을 바꿔보기도 합니다. 왜냐하면 상품 속에는 고객에게 호소할 드라마가 숨어있기 때문입니다.

상품이 가진 드라마를 부각시키기 위한 방법은 몇 만 가지가 있을지도 모릅니다. 비슷한 상품들이 기하급수적으로 늘어나는 가운데 드라마를 찾아내는 일은 점점 더 어려워지고 있습니다.

아니, 어려운 상황입니다.

하지만, 뛰어난 상품에는 반드시 드라마가 있습니다.

그리고, 뛰어난 광고사는 반드시 그 드라마를 찾아냅니다.

정말 공감이 가는 말이다. 어떤 상품에든지 다른 상품에는 없는 독자적인 특징이 있다. 이런 사실을 알고 각각의 상품이 가진 독자성을 발견하는 것이 바로 회사와 당신이 해야 할 일이다. 그것을 할 수 있다면 상품에 대한 포지셔닝과 컨셉은 강력해지며 마케팅 결과는 하늘과 땅의 차이로 벌어진다.

끝까지 읽게
만드는 비결

미끄럼틀 효과, 호기심의 씨앗. 둘 다 좋은 도구지만 수강생들은 항상 이런 질문을 던진다.

"본문 카피가 길어도 사람들이 모두 읽어줄까요?"

마케팅을 배우는 사람들은 너무 긴 본문 카피가 필요 없다고 배운다. 물론 틀린 말이 아니다. 문제는 다음과 같은 경우다. 당신이 바라는 행동을 독자가 따라주기만 한다면 카피가 길든 짧든 상관이 없다. 본문 카피는 지루하지만 않으면 된다. 왠지 모르게 매력적이면서 읽는 이에게 공감을 불러일으키고 관심을 끌 수 있으면 된다. 이는 미끄럼틀 효과와도 일치한다. 처음부터 마지막까지 모두 읽을 수밖에 없는 매력적인 문장이어야 한다는 뜻이다. 다른 것은 부차적인 문제에 불과하다. 매력적인 카피를 쓰지 못하면 결정적인 문구를 읽게 만들 수 없기 때문이다.

그렇다면 사람들은 긴 카피는 읽어줄까? 이에 대한 답변을 위해 간단한 실험을 해보기로 하자. 다음은 어떤 신문 기사의 헤드라인이다. 지시에 따라 공란을 메워보자.

○○○씨, 거액의 재산 상속자가 되다.
○○에 사는 일가족이 익명의 인물로부터 거액의 재산을 상속받다.
(○란은 당신 이름과 거주지)

어느 신문에서 이런 헤드라인을 본다면 당신은 기사의 첫 문장을 읽을 것인가? 물론 읽을 것이다. 기사는 다음과 같이 이어진다.

엄청난 행운에 관한 뉴스입니다! 알지도 못하는 사람에게 수백억 원의 재산을 상속받은 사람이 있습니다. 행운의 주인공은 ○○○씨. 그는 누구인지도 모르는 한 익명의 인물로부터 거액을 재산을 상속받게 되었습니다.

당신은 그것이 아무리 긴 기사일지라도 모두 읽을 것이다. 기사가 당신의 이야기이기 때문이다. 당신은 아무런 저항 없이 이끌리며 내용에 흠씬 빠져 기사를 읽게 된다. 놀랍고 유익하고 흥미로운 이야기가 아닐 수 없다.

긴 문장에 대한 핵심은 바로 이것이다. 이 정도의 관심을 끌 수 있다면 독자들은 큰 관심을 보이며 내용을 모조리 읽을 것이다. 그런데 반드시 거액의 부를 안겨주지 않고도 이런 문장을 만들자는 게 우리의 의도다. 독자가 흥미로운 카피를 읽으며 끝까지 읽고 싶은 열정이 솟아오르게 만들자는 것이다.

사람들의 관심 테마를 찾아라

나는 지금 이 책을 매킨토시 컴퓨터로 작성하고 있다. 얼마 전 나는 서적 편집에 관심이 많았는데, 그때 매킨토시에 관한 것이라면 뭐든지 손에 잡히는 대로 읽었다. 관심을 갖고 있는 테마가 매킨토시였기 때문에 그것에 대한 설명이 나와 있는 것이라면 광고든 기사든 모조리 읽었다. 그 후 매킨토시 사용법을 익히고 나자 관심도 줄어들었고 처음의 열정도 사라졌다.

상품도 마찬가지다. 디지털시계가 처음 등장했을 무렵, 고객들은 눈에 불을 켜고 열정적으로 시계를 구입했다. 그들은 내가 쓴 카피의 한 줄 한 줄을 모조리 읽었다. 그 카피는 유익한 정보였고 그들의 관심 대상이었다. 그런데 디지털시계의 붐이 시들해지자 고객들의 관심은 다른 상품으로 옮

사람들은 관심이 있으면 모조리 읽는다

겨갔다. 소비자들의 수가 감소한 것은 말할 필요도 없다.

사람들이 관심을 갖고 있다면 카피는 모두 읽혀진다. 얼마 전 나는 자동차 전시장을 방문하여 크고 멋진 신형 자동차를 바라보고 있었다. 광고에 나오는 '록 앤드 피니언 스티어링'의 의미를 몰라서 예전부터 궁금하던 차였다.

카피는 처음부터 끝까지 그 차를 탈 때 느낄 수 있는 운전 감각에 대해서만 이야기하고 있었다. 나름대로 감각에 호소하는 괜찮은 문장이었지만, 내게는 뭔가 부족하게 느껴졌다. 이런 경우 사람들은 전시장에 찾아와 질문을 한다. 자동차 회사가 이런 점을 노린 것일 수도 있다. 그렇지만 영업사원들도 잘 모르는 상태였다. 록 앤드 피니언 스티어링은 그들에게도 아직 낯설었다.

당신의 고객이 정말로 관심을 갖는 주제에 대해서는 세밀하게 알아두어야 한다. 문장도 마찬가지다. 사람들이 진심으로 관심을 갖는 대상에 대해 쓴다면, 다소 긴 글일지라도 사람들은 열심히 읽어준다.

충분히 길고도 충분히 짧게

본문 카피는 줄거리와 판매를 이야기하기 위한 길이가 필요하다. 너무 길어서도 안 되고 짧아서도 곤란하다. 물론 분량의 현실적인 제한도 있다. 하지만 그런 제한도 절대적인 것은 아니다. 온라인 마케팅 업계에서 굴지의 카피라이터로 활동하는 게리 헐버트는 여자 친구를 구하기 위해 3천 단어에 달하는 전면광고를 로스앤젤레스 신문에 실었다. 그 후 여성들의 데이트 신청이 엄청나게 쇄도했다.

또 리처드 델가오의 경우도 자신이 소유한 펀드회사의 어시스턴트 모집을 위해 4천 단어나 되는 광고를 내자, 면접을 다 볼 수 없을 정도로 많은 인원이 응모했다.

긴 본문 카피와 짧은 본문 카피의 구별

결과만 좋으면 본문 카피의 분량 때문에 문제될 것은 없다. 예를 들어, 어떤 영업사원은 10분 동안의 영업으로 2만 원의 주방용품을 팔고, 어떤 영업사원은 몇 개월에 걸쳐 10억 원의 인쇄기를 판다고 치자. 그렇다면 어느 쪽이 뛰어날까? 물론 답은 없다. 양 쪽 다 뛰어날 수도 있고, 양 쪽 모두 무능할 수도 있다.

그렇다면 왜 본문의 분량에 대해 말들이 많은 것인가? 당신도 이미 알고 있겠지만 광고에 의한 판매는 다이렉트 판매와 비슷한 점이 많다. 그렇다면 동일한 규칙이 적용되어야 할 것이다.

카피의 분량을 결정짓는 요소는 두 가지다.

가격 가격이 높을수록, 가격을 납득시키거나 상품의 니즈를 이끌어내려면 상당한 분량의 본문 내용이 필요하다. 이것은 일반적인 규칙이다.

하지만 가격이 터무니없이 높은 경우(이런 경우는 짧은 본문이 잘 통한다)나, 가격이 낮아서 신뢰성이 떨어지는 경우(이때는 분량을 더 늘려야 한다)는 예외다. 본문 카피 양을 늘리면 상품의 가치를 높이고 가격도 높일 수 있다. 즉 소비자를 '교육' 함으로써 상품에 높은 가격

66

을 붙일 수 있는 것이다.

희귀성 상품이 진귀할수록 그 상품을 사용자와 밀착시킬 필요가 있고, 구매환경을 만들며 새로운 특징을 설명하는 데 중점을 두어야 한다. 소매점에서는 대개 이런 종류의 상품은 팔리지 않는다. 이 경우, 본문의 길이만 충분하다면 인터넷 등을 이용한 통신판매가 가장 적합하다.

정리하면, 긴 본문 카피를 쓰는 이유에는 두 가지가 있다. 첫 번째는 사람들에게 구입할 마음이 내키는 환경을 만드는 것이고, 두 번째는 상품을 충분히 설명할 시간을 번다는 점이다.

영국의 통신판매 회사인 스코트케이드 사의 CEO 로버트 스코트 Robert Scott는 내 강의에서 자신이 사용하는 방법이 내가 말하는 원칙과 상반된다고 말했다. 그가 카탈로그에 쓰는 본문 카피는 굉장히 짧은데도 매출이 순조롭다는 것이다.

하지만 막상 그가 만든 카탈로그를 보니 내가 말하는 원칙을 충실히 따르고 있었다. 먼저 사진을 이용하여 구매환경을 만들었다. 질 좋은 사진으로 우아한 느낌을 전하는 것이다. 다음은 경쟁사보다 훨씬 낮은 가격을 제시하고 있었다. 저가로 상품을 판매하면서도 사람들이 구입할 마음이 들도록 환경을 조성하여 원래는 본문 카피가 해야 할 역할의 대부분을 비주얼과 가격이 대신하고 있었다. 또 그가 이용한 매체는 카탈로그였다. 카탈로그에는 대개 긴 본문 카피가 필요하지 않다. 카탈로그가 이미 구매환경을 조성하기 때문에 본문 카피로 분위기를 연출하느라 시간을 빼앗기지 않아도 되는 것이다.

긴 본문 카피를 쓰라고 억지를 부리는 것이 아니다. 짧은 본문도 필요하다. 경우에 따라서 나는 정말 짧은 본문을 쓰기도 쓴다. 하지만 짧은 카피를 쓸 때는 그럴 만한 필요가 있기 때문이다. 상품에 신뢰성이 있는 한, 가격이 낮으면 본문 카피는 짧아도 된다.

사실 나는 긴 카피를 선호하지도 않고, 짧은 카피를 애용하지도 않는다. 나의 가장 큰 목적은 히트 상품으로 만드는 본문 카피를 쓰는 데 있다. 그리고 카피라이터가 아닌 당신에게 카피라이터처럼 마케팅 문장을 만드는 요령을 가르치는 데 있다. 솔직히 말해서 본문 카피의 분량은 마케팅 문장을 만들 때 고려해야 할 요소들 중 한 가지에 지나지 않는다. 기억해야 할 원칙을 정리하면 다음과 같다.

원칙 6

본문 카피는 확실한 구매 행동을 일으킬 만큼의 충분한 분량이 필요하다

독자들이 본문 카피를 모두 읽어줄까? 읽는다. 읽는 사람들이 충분히 있기 때문에 효과도 나타나는 것이다.

68

10 순서의 비밀

히트 상품을 만드는 글쓰기 준비도 어느 정도 진행되었다. 우리는 자신이 취급하는 상품에 대해 아는 것이 얼마나 중요한 일인지 배웠다. 글쓰기의 가장 큰 목표는 '첫 문장을 읽게 만드는 것'이라는 점도 배웠다. 그리고 첫 문장에서부터 마지막 단어까지 내용을 모두 읽게 만드는 몇 개의 원칙들도 배웠다.

글에는 흐름이 필요하다. 그것도 제대로 된 흐름이 필요하다. 각각의 내용이 다음 문장으로 논리적으로 이어지는 매끄러운 순서가 있어가 한다. 사람들이 카피를 읽고 무언가 궁금증이 일 때, 다음 문장에서 즉시 그 궁금증을 해소할 수 있어야 한다. 그런 카피 능력은 기업과 상품을 획기적으로 알리는 굉장한 재능이다. 뛰어난 문장력이 생존력의 열쇠가 되는 이유도 그 때문이다.

고객을 대신해 질문을 던져라

카피라이터가 고객의 질문을 눈앞에서 받을 수는 없다. 그렇기 때문에 카피의 흐름을 이어가며 카피라이터가 말하고 싶은 내용을 고객이 질문하고 싶도록 만들어야 한다. 복잡하게 들리지만 알고 보면 간단하다.

먼저 헤드라인을 쓴다. 독자의 마음을 사로잡을 수 있도록 말이다. 다음은 서브 헤드라인이다. 독자들은 더욱 읽고 싶어졌을까? 그렇다면 다음으로 사진에 대한 캡션을 쓴다. 이 모든 문구들이 첫 문장을 읽게 만들 만큼 설득력이 있을까? 그렇다면 이제 본문 카피의 첫 문장을 쓴다.

이 과정을 따라가면 본문 카피의 규칙이나 방향성을 깨닫게 될 것이다. 어떤 단락을 두꺼운 글씨로 강조할 수도 있다. 앞에서 언급한 컨슈머스히어로의 광고처럼 말이다.

들킬 걱정은 안 하셔도 됩니다. 보증도 있습니다. 당사의 장물은 거의 신제품이며 원래의 주인은 알 방법이 없습니다.

강의에서 나는 수강생들에게 각각의 헤드라인을 읽어보게 했다. 그리고 토론을 하며 다음의 서브 헤드라인을 읽고 싶어졌는지 의견을 나누었다.

어느 날이었다. 8살 된 나의 딸 에이프릴이 강의실 맨 앞에 앉아 있었다. 에이프릴은 노트에 뭔가를 열심히 적어가면서 집중하고 있었다. 여느 수강생의 모습과 흡사했다. 나는 언제나 나의 아이들이 강의에 들어올 수 있게 허락했는데, 그들이 강의에 방해가 되는 일은 없었다. 사실 수강생들도 이런 가정적인 분위기를 좋아했다.

뛰어난 문장은 나이와 상관없다

카피를 써보라고 과제를 낸 후, 누군가에게 읽어보라고 했더니 에이프릴이 손을 들었다. 나는 양모 관련 일을 하는 뉴질랜드의 아치 메손을 지명했다. 또 다른 희망자를 묻자 또 에이프릴이 손을 들었지만, 나는 오마하스테이크의 CEO 프레드 사이먼을 지명했다. 에이프릴은 더 이상 참지 못하고 내게 들릴 정도로 살며시 속삭였다.

"아빠, 내 카피도 읽게 해줘. 좋은 내용이야. 아빠가 말한 내용과 딱 들어맞거든!"

나는 당황했다.

"다음에 하자. 수업중이니까!"

휴식 시간이 되자 에이프릴은 나에게 오더니 자신이 쓴 글을 보여줬다. 나는 문장을 읽어보았다. 그리고 깜짝 놀랐다. 그것은 독자가 궁금해할 내용을 예상하고 거기에 답변하는 내용으로서 강의 견본으로 삼아도 될 정도의 글이었다. 문장들은 굉장히 간단했다. 8살 어린 아이가 썼으니 당연할 것이다. 글은 Q&A 형식으로 되어 있었다. 글에서 에이프릴이 파는 것은 애완용 모르모트였다. 다음이 그 내용이다.

헤드라인 지상 최고의 애완동물

서브 헤드라인 털이 빠지지 않는 애완동물입니다.

본문 카피 생각해 보세요. 털이 빠지지 않고 집안 곳곳을 뛰어다니지 않으며 손도 덜 가는 애완동물이 있습니다. 아마 토끼나 새, 물고기, 거북이를 떠올리셨겠죠. 하지만 아닙니다. 바로 애완용 모르모트입니다. 모르모트를 어떻게 돌봐야 할지 궁금하십니까? 어디서 키우고, 무엇을 먹이는지도 궁금하시겠죠. 굉장히 간단합니다. 모르모트 용 우리가 없다면 모르모트가 빠져나갈 수 없을 정도의 높이, 돌아다닐 수 있을 만한 넓이의 상자만 있으면 됩니다. 모르모트 용 사료와 신선한 야채를 조금씩 주시면 됩니다. 비닐을 깔고 그 위에 신문지를 깐 다음 톱밥을 2.5cm 정도 뿌립니다. 그리고 사료 그릇과 물을 넣습니다. 알아둬야 할 것은 이것뿐입니다. 지금 바로 주문하세요.

8살짜리가 썼다고 도무지 믿기지 않았지만, 이 글은 한 자도 빠짐없이 에이프릴이 썼다. 에이프릴의 광고는 중요한 것을 입증해 주었다. 그 날 이후 나는 기회가 있을 때마다 수강생들에게 이 이야기를 한다. 뛰어난 카피는 몇 살이든 누구든 쓸 수 있다고 말이다. 원칙을 충분히 이해하고 감각적으로 적용시킬 줄 알면 누구나 쓸 수 있는 것이다.

구입의 정당성을 제시하라

문장은 종이 위에 물 흐르듯이 써야 한다. 일단 지면에 쓰고 나면 다음에는 편집 작업이 중요하다. 이 과정에서 해야 할 일은 글의 논리적인 흐름도를 만드는 일이다. 이것을 연습하기 위해서는 광고를 몇 개의 짧은 카피로 분해해야 한다. 그리고 흐름도는 아래쪽으로 진행되어야 한다.

다음은 핀볼게임기의 광고를 흐름도로 만들어본 것이다.

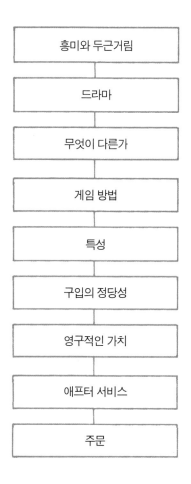

카피는 도입 부분에서 독자들의 관심을 유도하면서 차츰 상품에 어울리는 내용으로 꾸몄다. 먼저 상품에 맞는 즐거운 분위기로 말문을 열었다.

컴퓨터를 싫어하는 고객 여러분!
새로운 컴퓨터식 핀볼게임기 '파이어볼'을 보시면 그 스릴과 액션에 놀라실 겁니다. 파이어볼은 기존 핀볼게임기의 구조와 점수산정 방식을 디지털 형식으로 재현합니다. 이는 핀볼게임의 획기적인 변신이며, 새로운 제품 혁명의 시작입니다.

첫 문장에서 이 상품에 대한 '흥미와 두근거림'을 만들어냈다. 다음 문장에서는 상품의 드라마틱한 측면과 파이어볼과 기존 핀볼게임기의 차이를 이야기한다. 그리고 왜 어떤 식으로 다른가와, 놀이방법 및 게임기의 특성을 설명한다.

여기까지 읽은 소비자들은 필연적으로 게임기의 구조와 품질, 새로운 특징들을 아무래도 조금은 더 알고 싶어진다. 그러므로 다음 문장에는 그에 관한 정보를 담는다. 자, 이제 고객은 게임기 구입에 상당한 관심이 생겼다. 하지만 이런 생각도 할 것이다.

"어떻게 이 구입을 정당화할 수 있을까? 파이어볼을 갖고는 싶지만, 어떻게 이 게임기의 필요성을 나 스스로 납득하고 구입을 결정할 수 있을까?"

그래서 다음 단계에서는 '구입의 정당성'을 부여해야 한다. 우리는 TV나 당구대, 오디오와 가격을 비교하는 내용을 담았다. 갑작스럽게 찾아 온 손님이 잠시 기다리는 동안 즐길 수 있는 실용성과, 파티나 가족 모임에서 인기 품목이 될 것이라는 점 등에 대해 살짝 언급하며 호기심의 씨앗을 뿌렸다. 잠재고객이 구입을 결정하기 위해 정서적으로 필요한 논리와 이유를 제공하는 것이다. 기업이 직원들 오락용으로 구입할 수 있다는 점도 제안하고, 그것이 세액공제를 받을 수 있다고도 썼다. 이러면 개인용이든 직원용이든 절약에 도움이 될 터였다. 650달러를 지불하도록 만들기 위해 가능한 한 모든 이유를 제공할 필요가 있는 것이다.

이쯤에서 고객은 이렇게 중얼거릴 것이다.

"그래, 파이어볼이 갖고 싶고 돈을 낼 준비도 되었다. 하지만 사용하다가 지겨워져서 구석에 방치해 두고 먼지나 씌우게 되면 어쩌지?"

여기에서 당신은 파이어볼에는 '영구적 가치'가 있다는 사실을 설명해야 한다. 지겨워지지 않을 이유를 몇 가지 예로 드는 것이다.

그러면 고객들은 또 이렇게 생각한다.

"상품도 마음에 들고 구입의 정당성도 충분한 데다 영구적인 가치가 있다는 것도 알겠군. 하지만 이렇게 큰 게임기를 샀는데 갑자기 고장이라도 나면 어쩐다?"

여기에서 애프터서비스에 관해 고객을 대신해 질문을 던지고 답변도 제시해야 한다. 이런 카피는 마치 잠재고객이 제기할 다음 질문을 예상한 것처럼 논리적으로 연결되어 있다는 게 핵심이다. 결국 문장들이 마지막까지 논리적으로 짜임새 있게 연결될 때, 주문으로 이어질 확률은 높아진다.

문맥이 통하는 흐름인지 확인하라

사실 문장을 많이 써보면 흐름은 자연스럽게 떠오른다. 직관적으로 독자가 다음에 제기할 질문을 알게 되고 답변도 할 수 있다. 이는 뛰어난 카피라이터라면 몸에 배 있는 능력으로서 보통 사람에게는 없는 기술이다. 질문을 예상하여 대신 제기하고 적절한 답변도 내놓는 것이다.

카피를 쓴 후에는 흐름도를 작성하여 순서가 적절한지, 적절한 타이밍에 적절한 질문과 답변으로 구성했는지 확인하는 것이 좋다. 질문을 어떻게 배열할 것인지, 첫 단락에서 어떤 분위기를 만들지도 점검해야 한다. 대면판매라면 상품에 대해 반드시 나올 법한 질문이 무엇인지 생각해 두는 것과 마찬가지다.

이 단계에서 중요한 것은 다음에는 어떤 질문을 받을지, 문장은 어떻게 흘러가야 하는지 등, 문맥을 정돈하는 일이다.

원칙 7

논리적인 흐름을 지키면서 독자 대신 의문을 제기하고 해결책도 제시하라

여기서의 핵심은 문맥이다. 중요한 것은 고객과 마주하지 못하지만, 고객이 느낄지도 모를 궁금증을 예측하여 대신 제기하고 그것을 해결해 주어야 한다는 점이다.

76

11 편집의 비밀

이번 장은 효과적이며 설득력 있는 문장을 쓰기 위한 마무리 작업이다. 모든 마케팅 카피는 편집 작업을 거치고 나서야 비로소 고객에게 완벽한 공감을 얻어낼 수 있는 세련되고 조화로운 메시지로 변신한다.

다이아몬드는 석탄과 탄소의 결정체다. 그 새까맣고 볼품없는 돌을 정교하게 다듬으면 세상에서 가장 아름다운 보석이 된다. 문장의 편집을 다이아몬드를 만들어내는 마지막 공정이라고 생각하라.

앞에서 내가 한 이야기를 기억하는가? 수강생들과 함께 카피를 만들어보면 아마도 내 초고가 가장 엉망일 거라는 이야기 말이다. 나의 초고를 어느 작문 교수에게 보이면 아마도 허술한 문법에 숱한 오자,

지리멸렬한 문장 구조라는 혹평을 받을지도 모른다.

하지만 정작 중요한 것은 그 이후의 작업이다. 전혀 다듬어지지 않은 문장을 세련된 메시지로 변화시키는 편집 과정 말이다. 마음을 움직이지 못하던 문장을 히트 문장으로 바꾸는 것이다. 문장을 어떻게 다듬고 편집하는가에 따라 그 문장은 100달러의 가치에 머물 수도 있고, 100만 달러의 부가가치를 창출할 수도 있다.

편집의 요령

편집에는 어떤 요령이 있을까? 편집도 정신적인 작업이다. 많은 훈련이 필요하지만 문장을 새로 써내는 것보다는 쉽다. 실제로 즐거운 작업이기도 하다. 초고를 쓰는 일은 아이를 낳는 출산과 같다. 괴롭고 긴 시간이 걸릴 때도 있고, 거의 힘들이지 않고 말끔히 끝나는 경우도 있다. 한편 편집 작업은 육아에 비유할 수 있다. 이는 아이가 건강하고 행복하게 자랄 수 있도록 보살피는 작업이다. 자신의 아이가 우스꽝스런 옷을 입고 밖에 나가거나 남과의 의사소통에 곤란을 겪길 바라는 부모는 없을 것이다. 그러기 위해선 다른 사람들 앞에서 부끄럽지 않도록 아이를 보살피고 교육시켜야 한다.

편집이란 글을 양육하는 과정이다. 육아에 절대적인 방법이 없는 것처럼 편집에도 여러 가지 다양한 접근이 가능하다. 편집 작업에서 지켜야 할 원칙을 정리하면 다음과 같다.

최소한의 어휘로 다듬어라

쉽지 않은가? 하지만 바로 이것이 편집의 핵심이다. 문장을 썼을 때의 감정, 감각, 사고 과정은 그대로 두고 단지 단어 수를 최소한으로 줄여 표현하는 것이다.

예를 들어, 더욱 직설적으로 생각이 전달되도록 단어를 재배열한다. 글의 전체적인 분위기에 영향을 주지 않는 단어는 삭제한다. 생각을 표현하는 데 더 어울리는 단어로 바꾼다. 경우에 따라 생각을 명확히 표현하려면 단어를 첨가할 필요도 있다. 어쨌거나 문장을 편집할 때의 목표는 전달하고 싶은 바를 가장 설득력 있는 방법으로, 하지만 가장 적은 수의 단어로 표현하는 데 있다.

나의 책 중에 베스트셀러가 된 『방아쇠 법칙Triggers』을 집필할 때의 일이다. 서적이었기 때문에 카피를 쓸 때와 같은 제한이 없어서 편하게 작업할 수 있었다. 기업과 제품의 생사가 걸린 마케팅 문구를 쓰는 것과 비교하면 책 집필은 수월한 작업이었다. 책에서는 하고 싶은 말을 하기 위해 얼마든지 단어를 사용해도 상관없다. 공간상의 제약이 없기 때문이다.

카피에는 제한이 있다

하지만 카피의 경우에는 엄연히 제한이 존재한다. 카피의 목적은 상품과 서비스를 사게 만드는 데 있다. 모든 것이 그 목적으로 연결되어야 한다.

내가 쓴 어느 카피를 예로 들어보자. 처음 두 단락을 비교해 보면, 초고는 영문으로 66단어, 최종 원고는 43단어였다. 두 원고를 비교하면 하나의 사실이 떠오른다. 체중계에 관한 광고였는데 초고는 다음과 같았다.

다이어트는 어렵습니다. 누구나 그렇게 말합니다.
도전해 본 적이 있다면 아시겠죠. 성공적인 다이어트 프로그램에 필요한 것이 체중계라는 사실 말입니다. 체중계는 성적표와 같은 것입니다. 이것은 당신의 성과를 피드백해 줍니다. 다이어트의 몇 가지 즐거움 중 하나는 체중계에 올라 그 결과를 보는 것입니다.

이 문장을 의미와 분위기는 그대로 두고 글자 수를 줄여보자.

다이어트는 어렵습니다. 누구나 그렇게 말합니다.
다이어트의 몇 가지 즐거움 중 하나는 체중계에 올라 결과를 보는 것입니다. 체중계는 성적표 같은 것입니다. 당신의 성과를 피드백해 줍니다.

첫 번째 단락을 빼고 두 번째 단락부터 생각하면 59개 단어에서 36개 단어로 줄었다. 글자 수를 거의 40퍼센트 줄이면서 의미와 내용은 전혀 바뀌지 않았다. 오히려 내용은 초고보다 나아졌다. 3천 자 정도의 카피 분량에 이 비율을 적용해 보면 편집 작업이 가져오는 차이를 확연히 알 수 있다. 그렇다면 편집의 효과와 이점은 무엇일까?

왜 글자 수가 적어야 하는가

글자 수가 적으면 우선 위압감이 줄고 읽기가 수월해진다. 그리고 미끄럼틀 효과도 강해진다. 읽는 이는 미끄럼틀을 타고 더 빨리 내려가는 반면, 글이 전하는 메시지의 영향력은 줄어들지 않기 때문이다.

이 예는 강의에서도 다루었다. 수강생들에게 20분의 시간을 주면서 각자에게 편집 작업을 시켜보았다. 우수한 작품들이 많았고 개중에는 내가 쓴 것보다 짧은 것도 있었다. 물론 이는 문장의 일부분을 다룬 경우였으며, 상품에 관한 분위기 설정이나 목표, 정서적 호소가 어떤 것인지는 다루지 않았다. 따라서 모든 요소를 다룬 종합적인 사례라고는 할 수 없다. 다만 그것은 훌륭한 편집에 관한 원칙을 가르쳐준다. 그 중 몇 가지를 제시해 보겠다.

편집의 원칙

1. 리듬을 살린다
문장의 길이를 조절하고 단조롭게 느껴지지 않도록 한다. 리듬에 대해서는 앞으로 자세히 이야기하겠다.

2. 문장을 정돈한다

초고의 "체중계는 성적표와 같은 것입니다. 이것은 당신의 성과를 피드백해 줍니다"라는 표현을 편집해서 "체중계는 성적표 같은 것입니다. 당신의 성과를 피드백해 줍니다"라고 단축시켰다. 단 몇 글자를 줄인 것뿐이지만, 그래도 의미 있는 작업이다.

3. 불필요한 말을 줄인다

"체중계에 올라 그 결과를 보는 것입니다"의 '그'라는 단어를 보자. 이런 단어는 생략해도 의미에 큰 변화가 없다. 따라서 편집하면 "체중계에 올라 결과를 보는 것입니다"가 된다.

4. 순서를 바꾼다

초고에서는 체중계를 성적표라고 지적한 뒤에, 다이어트의 즐거움 중 하나가 체중계에 올라 좋은 결과를 보는 것이라고 이어갔다. 그런데 이 순서를 바꿈으로써 더욱 감정에 호소하는 문맥이 될 수 있다. 먼저 다이어트할 때 체중계를 사용하면서 느끼는 즐거움에 초점을 맞추고, 다음에 그 이유를 설명한다. 흐름이라는 측면에서 그게 더 매력적이며 논리적이다.

필요한 만큼 시간을 들여라

편집이란 육아와 같은 작업으로서 시간이 걸리는 경우가 많다. 최종 원고가 완성될 때까지 만들어지는 시안은 열 개가 넘는 경우도 있

다. 한편 머릿속에서 완성된 카피가 술술 흘러
나와 문자가 되어 거의 수정을 거치지 않고
완성되는 경우도 있다.

단어를 삭제하더라도
의미가 통해야 한다

　휴대폰 마케팅 회사를 운영하는 프
랭크 슐츠가 내 강의에 와서 쓴 유
명한 문장이 있는데, 그것은 거의
완벽해서 편집할 필요가 없었다.
프랭크의 카피는 단지 두 단어만 수
정하면 거의 완벽에 가까웠다. 이와 반
대로 글쓰기 경험이 풍부한 사람도 편집에 많은 시간을 들이는 경우
가 있다.

　내 경우도 후자에 해당한다. 나의 카피는 물 흐르듯이 이어지며 편
집이 거의 필요 없는 경우도 있지만, 대개는 만족스러울 때까지 몇
번이고 초고를 고쳐 쓴다. 나는 경험상 글이란 써보면 써볼수록 편집
의 필요성이 줄어든다는 점을 알았다. 머릿속에서 아이디어가 수월
하게 솟아날수록 카피가 풍기는 정감이나 단어 하나하나의 감동은
더 진하게 나타난다.

　이제 갓 글쓰기를 시작한 사람은 문장을 다듬기 위해 편집 작업이
필요하지만, 경험이 풍부한 경우에는 편집 메커니즘의 대부분이 머
릿속에 프로그램 되어 있을 것이다. 그런데 경험이 있더라도 편집의
필요성에 대해서는 예단할 수 없다. 많은 편집이 필요한 문장도 있는
가 하면, 편집이 거의 필요 없는 글도 있기 때문이다.

시간을 들여 객관적으로 체크하라

과거의 카피라이터들은 수첩에 볼펜으로 카피를 썼다. 그걸 오퍼레이터에게 건네면 한 줄씩 타이핑을 해주었다. 그리고 타이핑한 초고를 편집하면 오퍼레이터가 다시 타이핑을 해준다. 디자인을 위한 최종 원고가 완성될 때까지 이 작업은 몇 번이고 되풀이된다.

편집의 효과적인 테크닉 중 하나는 '시간을 들이는 것'이다. 편집한 카피를 '재워둔' 뒤에 다음 날 아침이나 며칠 뒤에 '깨우면' 이전에는 알지 못했던 새로운 사실을 발견하게 된다. 아무리 시간이 촉박한 경우라도 잠시 여유를 가지면서 재차 검토해야 한다. 잠재의식이 자신의 글을 모두 숙지한 후에 더 개선이 필요한 부분을 찾아낼 수 있도록 시간을 주는 것이다.

그리고 마지막으로 더 이상의 수정이 필요 없어 보이는 최종 원고를 완성하면, 이를 전문 편집자에게 보여주고 표현과 문법상의 실수를 다듬는다. 하지만 그들이 지적하는 모든 점을 받아들일 필요는 없다. 물론 독자가 부정적인 인상을 받을 만한 오자나 탈자 혹은 문법적인 실수는 고쳐야 하지만, 그 이외에 문법상의 실수나 오자, 탈자 등이 없는 한 당신의 문체에 대한 간섭은 무시해도 된다. 수정하는 게 좋겠다는 말을 들어도 스스로에게 납득되지 않으면 겁먹을 필요는 없다.

여기서의 핵심은 편집 작업의 중요성, 최종 원고라는 의미에서의 편집의 가치, 편집할 때 기억해야 할 몇 가지 원칙들이다.

이제 당신은 카피라이팅의 과정 전체를 알게 되었고, 비즈니스 전

략적인 문장의 집필과 편집을 할 수 있게 되었다. 그러면 이제부터는
더 수준 높고 흥미로운 노하우를 배워보기로 하자.

Part Ⅱ

히트를 만드는
문장술

드디어 재미있는 부분에 들어섰다. 여기에서는 읽는 이의 반응이 달라지는 문장 요소 22가지와 구매를 앞당기는 심리적 방아쇠 22가지, 예방 상품과 해결 상품의 차이, '이야기'의 중요성 등을 다룰 것이다. 여기에는 그야말로 이 책의 정수가 담겨 있다. 즉 심리학에 근거하여 문장술의 핵심과 비결이 짜임새 있게 제시되어 있다. 이제부터 당신은 문장력뿐만 아니라, 고도의 마케팅 테크닉까지 터득하게 될 것이다. 읽어보면 내가 하는 말이 진실임을 알게 된다. 이 내용은 내가 지금까지 막대한 비용과 노력을 들여 터득한 노하우들을 응축시킨 것이다. 수강생들은 이들 노하우 중에서 대개 6~7가지 정도는 알고 있었지만, 자신들이 몰랐던 중요한 내용에 대해서는 놀라움을 감추지 못했다. 자, 그러면 당신과 당신의 상품을 살리는 글쓰기에 필요한 전략의 세계로 들어가보자.

1

반응이 달라지는
문장 요소

앞에서는 광고를 구성하는 요소들에 대해 검토했다. 모든 요소는 '첫 문장을 읽게 만든다'는 공통된 목적을 갖고 있었다. 첫 문장이 얼마나 중요한지도 배웠다. 광고의 모든 구성 요소들이 첫 문장을 읽게 하고 나아가 글 전체를 읽게 하기 위함이라는 것을 이해했다면, 이제부터 배울 것은 문장의 요소별 핵심이다. 문장의 모든 요소와 그 요소들이 고객의 반응과 어떻게 연관되는지 설명하겠다. 글을 쓰면서 확인해야 할 22가지 핵심을 순서대로 짚어보자.

1. 서체를 궁리하라

이는 매우 중요한 요소다. 서체에는 그 서체가 지닌 개성과 감정이 있고, 읽기가 수월하거나 유난히 어려운 서체가 있다. 여기서 말하고 싶은 것이 바로 그런 점이다. 서체의 개성과 읽기 쉬운 가독성 사이의 균형을 생각하여 문장을 읽기 쉽고 매력적으로 만들어야 한다.

헤드라인, 서브 헤드라인, 부제 등 본문 카피 이외의 부분에 사용하는 서체가 얼마나 읽기 편한지는 중요한 문제다. 특이한 서체의 경우, 디자이너에게는 유쾌하더라도 정작 사람들이 읽기 어렵다면 의미가 없다. 마치 외국인과 대화하는 꼴이 되기 때문이다. 서체의 가장 중요한 역할은 최대한 알기 쉽게 표현하는 것이고, 그 다음(중요도는 현저히 떨어지지만)이 기업이나 브랜드의 이미지를 전달하는 기능이다.

2. 첫 문장을 읽고 싶게 만들어라

광고를 구성하는 모든 요소의 목적이 바로 첫 문장을 읽게 만드는 데 있음을 이미 배웠다. 가장 중요한 첫 문장을 소비자들이 읽게 만드는 것이 광고의 가장 큰 목적이다. 그리고 첫 문장은 가능한 한 짧고 읽기 쉽게 써서, 다시 다음 문장을 읽을 수 있게 만들어야 한다.

3. 계속해서 읽고 싶게 만들어라

두 번째 문장도 첫 문장 만큼 중요하다. 관심을 지속시키기 위해서는 계속 읽어야겠다는 생각이 들도록 문장을 이어가야 한다. 그리고 이 흐름은 첫 단락과 두 번째 단락에서도 지속되어야 한다. 사실이나 편의성, 상품의 특성에 대한 설명은 나중에 해도 된다. 일단 글을 읽고 싶게 써서 구매를 할 만한 환경을 만드는 게 우선이다.

4. 부제를 연구하라

앞에서 부제는 광고를 구성하는 요소의 하나라고 소개했다. 광고의 거부감을 줄이고 독자들에게 본문 카피 전체를 읽게 하는 것이 그 역할이다.

부제는 다음 내용의 도입부가 되기도 하고, 다음으로 이어지는 카피나 광고와 전혀 관련이 없을 때도 있다. 앞에서 설명한 것처럼 부제는 본문 카피를 세분화하고 거부감을 줄이는 역할을 한다. 상품의 판매나 소개와는 거의 관련이 없다. 다만 광고를 돋보이게 하고 소비자들이 계속 본문 카피를 읽도록 주의를 환기시킨다.

부제 없이 본문 카피 전체가 하나의 단락으로 끝까지 이어지는 경우는, 다양한 부제로 구역이 나뉜 경우보다 읽기가 훨씬 불편하다. 부제는 글의 처음이나 마지막이 아닌 중간에 간간히 넣어야 한다. 부제는 무슨 이야기를 해도 상관없다. 나는 이전에 레이더 속도계에 관한 광고를 만들 때, 정말 이렇게 써도 될까 싶을 정도의 부제를 사용해 본 적이 있다. 예를 들면, '달걀 프라이', '일과 휴식', '성공과 행운' 등이 그것이다. 이들 부제는 상품과는 전혀 상관이 없었음에도 불구하고 이의를 제기하는 사람은 아무도 없었다. "그 부제의 의미는 무엇인가"라거나, "카피와 어울리지 않는다"고 말한 사람은 없었다.

부제의 두 번째 목적은 약간의 호기심을 자극하는 일이다.

'달걀 프라이'라는 부제가 좋은 사례다. 호기심에 이끌린 독자들은 '대체 달걀 프라이가 이 상품과 무슨 관계가 있을까'라고 생각해 카피를 읽기 시작하는 것이다. 사실의 여부를 확인한 적은 없지만, 경험에 비춰볼 때 부제가 고객의 호기심을 자극하는 역할은 그다지 크지 않다. 부제의 중요한 목적은 역시 광고에 대한 저항감을 줄이는 데 있다.

5. 복잡한 상품일수록 간단히 설명하라

마케팅의 기본임에도 불구하고 많은 광고들이 '상품을 설명한다'는 이 단순한 절차를 잊고 있다. 이때의 원칙은 '복잡한 상품은 간단하게, 간단한 상품은 복잡하게' 설명해야 한다.

예를 들어, 연기탐지기가 이미 가정에 보급되어 있어서 소비자들이 그 기능을 대강 이해하고 있으면 이것은 '간단한 상품'이다. 나는 광고에서 연기탐지기의 내부에 대해 설명했다. 금도금이 된 접속단자(다른 탐지기에도 내장되어 있는 부품이었다)에 대해 설명하고, 연기 유무를 판단하기 위한 회로의 기능에 대해서도 상세하게 이야기했다. 그러자 이 연기탐지기는 일반 가격보다 10달러나 비쌌지만 잘 팔려나갔다. 이는 간단한 상품은 복잡하게 설명해야 한다는 원칙을 확인시켜준다.

소비자가 잘 알고 있는 간단한 상품은 좀 더 복잡한 방법으로 팔고, 복잡한 상품은 지극히 간단하게 팔 필요가 있다. 컴퓨터가 가정에 도입되기 시작하던 초창기에 나는 고객들에게 컴퓨터를 소개할 때, 그 기능과 효용을 지극히 간단히 설명했다. 광고에서는 세부적인 기술에 대해 거의 언급하지 않고, 상품과 그 사용법이 얼마나 간단한지만을 강조했다. 당시 소비자들은 조금씩 컴퓨터와 가까워지고 있었지만, 컴퓨터는 여전히 새롭고 사용법이 복잡한 상품으로 인식되고 있었으며 대부분의 경우 실제로 복잡했다. 그러나 일상적인 용어로 굉장히 간단하게 설명을 한 덕분에 우리는 컴퓨터를 다른 경쟁사보다 훨씬 쉽게 팔 수 있었다. 그리고 나중에 컴퓨터가 필수품이 되었을 때는 컴퓨터를 자세히 설명하는 것이 당연히 효과적이었다. 물론 지금은 더 자세한 설명이 승리할 것이다.

이런 점들을 염두에 두고 상품을 설명했는지 항상 따져보아야 한다. "고객에게 상품을 충분히 설명했는가?"라고 자문해 보라. 몇 사람에게 당신의 마케팅 카피를 읽어보게 한 다음, 상품의 특징을 이해할 수 있었는지 물어봐도 좋다. 그들의 답변에서 당신의 설명이 충분했는지 부족했는지, 혹은 너무 말이 많은 것은 아니었는지 알 수 있을 것이다.

6. 새로운 특징을 강조하라

당신의 상품이나 서비스만이 갖고 있는, 타제품과는 다른 특징을 강조하라. 5에서 언급한 '상품 설명' 처럼 여겨질지 모르지만 그것과는 다르다. 상품의 단순한 특징이 아니라, 시장에 나와 있는 타제품과는 다른 특징을 부각시키라는 뜻이다.

7. 기술적인 설명을 곁들여라

모든 상품이나 서비스는 기술적인 설명으로 판매 효과를 높일 수 있다. 사람들은 존경할 수 있고 신뢰할 수 있는 '전문가'로부터 물건을 구매하고 싶어 한다. 물건을 구매한다는 것은 결국 신뢰에 기초한 행위다. 구매자의 사고 과정의 흐름은 아마도 이럴 것이다.

"이 사람은 상품에 대해 잘 알고 있군. 이 분야에 대해서 충분히 이해하고 있는 것처럼 보여. 상품 설명도 정확하고. 돈을 지불할 가치가 있겠어!"

판매자가 그 상품이나 서비스의 전문가라면 고객의 신뢰도는 반드시 상승한다. "타제품에 대해서도 충분히 조사해 보았는데, 이 제품은 어느 제품과 비교해도 손색없는 좋은 제품입니다"라는 말을 들으면, "정말 그런가보군" 하면서 신뢰하기가 쉬운 것은 어쩌면 당연한 이치다.

기술적인 설명은 독자에게 신뢰감을 준다

그리고 상품을 설명할 때 어려운 단어로 설명하면 소비자는 당황한다. 판매자가 아니라 교육자로 느껴지기 때문이다. 물론 상품을 기술적으로 설명해야 한다면 판매자는 당연히 전문가 수준이 되어야 할 것이다.

온라인이나 통신판매의 경우 기술적인 설명을 하면 신뢰감이 높아지지만, 그 전에 마케터는 반드시 진정한 전문가가 되어야 한다. 그렇지 않으면 구매자는 당신이 전문가가 아니라는 사실을 금방 알아차리게 된다.

다음은 그 좋은 예문이다. 어느 시계의 집적회로 사진에 덧붙인 캡션이다.

새로운 디코더 / 드라이버 집적회로는 오실레이터 카운트다운 집적회로에서 입력을 받아 디스플레이를 구동함과 동시에 시간을 계산합니다. 이 단 하나의 최신 기술이 수천 개의 고체 소자회로를 대신하여 최고의 신뢰성을 제공합니다. '센서'에만 있는 신기술입니다.

이 기술적인 멘트를 이해할 수 있는 소비자는 거의 없을 것이다. 실제로 광고주의 승인을 얻으려고 카피를 보냈을 때 담당자는 캡션에 대해 이렇게 말했다.

"여기 써 있는 내용은 다 맞는 말이지만, 이해할 수 있는 사람은 거의 없을 겁니다. 왜 굳이 이런 캡션을 넣는 겁니까?"

소비자가 이해할 수 없는 기술 설명을 일부러 집어넣은 것은 상품을 철저히 파악했다는 사실을 알리고 싶기 때문이다. 우리들이 추천하는 상품은 훌륭한 상품임에 틀림없다는 인상을 주기 위해서다. 이러면 구매자 입장에서는 "이 상품을 파는 사람들은 전문가들이군"이라는 신뢰감이 생성된다. 결과를 말하면 이 시계는 우리가 마케팅한 상품 중에서도 대히트를 기록한 상품 중의 하나였다.

다른 예로는 강의 안내를 들 수 있겠다. 내가 기술적인 설명의 효과에 대해 강의한 뒤 커리어트럭 사의 CEO 지미 카라노가 찾아와서 말했다.

"내가 맡고 있는 강의 안내는 모두 기술적인 설명으로 되어 있습니다. 강의에 참석하지 않으면 알기 어려운 전문용어를 사용하여 우리들이 그 테마에 정통하다는 사실을 전달하고 있죠."

프랭크 슐츠가 내 강의에 참가하고 나서 쓴 광고도 그렇다. 당시그가 파는 상품은 자몽이었다. 등급 결정에 대해 그는 광고에서 이렇게 설명했다.

등급을 딴 후에도 신중한 검사를 하며, 통과하지 못하면 제외됩니다. 크기, 광택으로 분류합니다. 바람으로 인해 상처가 난 경우가 있으면 역시 제외됩니다. 또한 꼭지부분에 '양의 코' 라는 돌기가 생기는 경우도 제외됩니다. 아시겠지요? 글자 그대로 완벽한 '로열 루비 레드' 만을 출하시킨다는 사실을 기억하십시요.

광고나 카탈로그, 이메일 혹은 정보지 안에 판매하려는 상품만이 아니라, 그 상품과 관련된 다양한 지식과 정보들을 충분히 전달해야한다. 상품을 마케팅하는 생각의 과정을 전달해 그 상품이 왜 다른 비슷한 가격대의 상품보다 탁월한지 세밀하게 제시할 필요가 있다. 그러면 소비자들은 마케팅 노력을 인정하고 상품을 신뢰하여 자신들의 지갑을 기꺼이 열어준다.

8. 고객을 대신하여 궁금증을 제기하라

상품에 대해 고객이 궁금증이나 의구심을 가질 것 같으면 거기에 대해 당신이 먼저 이야기를 꺼내야 한다. 앞에서도 언급했지만 광고는 독자와 마주하지 않는 상황이기 때문에 독자가 어떤 질문을 할지 예측해야 한다. 궁금해할 것 같다고 생각하면서도 무시하는 것은 고객을 업신여기는 처사다. 속임수는 먹히지 않는다. 속이려 들면 사람들은 다시는 그 상품을 구입하지 않을 것이다.

앞서 설명한 고가의 컴퓨터 핀볼게임기 광고를 다시 떠올려 보자. 일반적인 소비자라면 애프터서비스에 대해 당연히 궁금해할 것이다. 그래서 우리는 광고 안에서 그에 대한 대책을 제시했다.

또 하나의 예는 가정용 자동온도조절기 광고를 들 수 있다. 이것도 앞에서 소개했지만, 처음 보았을 때 나 역시 엉성한 상품이라는 생각이 들었다. 디자인도 허술했다. 내가 소비자라 해도 마음에 안 들어할만 했다. 그래서 광고의 시작 부분에서 꼬투리를 잡아 이렇게 볼품없는 상품은 우리도 본 적이 없다고 혹평을 늘어놓았다. 그러고 나서 뒤로 가면서 그 상품의 훌륭한 특징에 주의를 환기시키면서 옹호하자 광고는 효과를 발휘했다. 소비자가 제기할 만한 불만을 대신 제기한 것이다. 가령 설치가 필요한 제품은 소비자에게는 부담이 된다. 그럴 경우 사실을 외면하지 말고, 설치에 관한 의문을 고객을 대신하여 제기하고 해결책을 제시해야 한다.

9. 대신 제기한 궁금증을 해결하라

고객의 불만과 궁금증을 인식하는 것뿐만 아니라, 그것을 해결하는 것도 마케터의 역할이다. 불만이나 궁금증에는 성실한 태도로 해결책을 제시하거나 의문을 풀어주어야 한다. 앞에서 언급했던 핀볼게임기의 경우에는 애프터서비스가 필요하면 회로기판을 바꾸면 된다. 온도조절기의 경우에는 그 볼품없는 외관이라는 문장 다음에, 믿기 어려울 정도의 신기술이 숨어 있음을 발견했다고 설명했다. 물론 사실에 근거해서 말이다. 마지막으로 설치에 대해서는 소비자가 기대하는 것이 무엇인지 솔직하고 정확히 설명해야 한다.

10. 상대방의 언어를 사용하라

소비자는 누구인가? 남성, 여성 또는 양 쪽 모두일 것이다. 여성 프로골퍼, 여성 파일럿 혹은 다른 직업을 가진 여성일 수도 있다. 마케팅 문장은 특정인들에게 상처를 입히는 표현이나 성차별적인 내용이 없어야 한다. 목표 고객이 누군지 정확히 알면서 그들의 언어로 의사소통이 이루어질 수 있어야 한다.

우리 회사 카탈로그에 금 목걸이 광고를 게재한 적이 있었다. 광고 내용은 밥 로스라는 사람이 우리의 카탈로그를 통해 자기 회사가 제작한 금 목걸이를 팔려고 한다는 스토리로 꾸몄다. 스토리에서 나는 계속 거절하지만 밥은 자신의 여동생을 목걸이 광고 모델로 써도 좋다고 제안을 한다. 그리고 밥의 여동생 사진을 본 나는 결국 승낙을 한다는 내용이다.

이것은 내가 만든 광고 스토리 중에서도 가장 독창적인 스타일이었다고 많은 사람들이 높이 평가했다. 당시 목걸이는 우리들이 취급하던 주력 품목과는 상관도 없는 상품이었다. 그런데 광고가 나간 후, 몇 통의 편지를 받게 되었다. 뉴저지의 한 여성은 이렇게 썼다.

귀사의 친구 밥 로스 씨는 스스로 유능한 비즈니스맨이라고 생각할지 모르지만, 내가 보기에 그는 성을 무기로 하는 장사치에 불과하군요.

편지는 이어서 요즘 여성들이 첨단기술 분야나 군대, 항공관제, 스포츠, 레저, 경마 등 다양한 분야에서 활동하고 있다는 사실을 이야기하면서 마지막을 이렇게 끝맺고 있다.

귀사의 광고 책임자와 책임 부서는 앞으로 오랫동안 세간의 지탄을 받을 것입니다. 당신들이 21세기라는 시대를 따라잡기 위해선 역시 오랜 시간이 필요할 것입니다. 당신들이 빨리 도산해버리길 기도할 따름입니다.

행간을 벌리지도 않고 두 페이지에 걸쳐 비난이 빼꼭히 적혀 있었다. 비난의 대상이 된 우리 광고도 동봉되어 있었다. 나는 정말 여성에 대해 배려가 없었던 것일까? 광고 속에서 여성을 상업적으로 이용한 것일까? 그에 대한 판단은 여러분에게 맡기겠다.

남성과 여성에게 무엇이 중요한가? 그 차이를 인식할 필요도 있다.

여성은 대부분 색이나 패션, 가족, 가정, 인간관계 등을 중시한다. 그
에 비해 남성들은 스포츠, 군사, 기계, 돈 모으기, 가족의 부양 등에
관심이 있다. 물론 겹치는 부분들도 많다. 여성들이 예전이라면 남성
들만 담당했던 역할을 맡게 되었고, 남성들은 옛날이라면 여성적이
라고 생각되었을 일들을 한다. 이런 차이(또는 차이 없음)를 아는 것이
무엇보다 중요하다. 그러면 목표 고객과의 의사소통 방식을 알게 되
고, 그들이 어떤 것에 상처받고 예민해지는지 알게 되어 고객과의 매
끄러운 관계 맺기가 가능해진다.

11. 단순하고 명확하게 써라

카피는 명확하고 간결해야 하며 핵심을 찔러야 한다. 소비자들을
혼란스럽게 하고 글쓴이에 대해 기분 나쁘게 생각할 만큼 난해한 단
어를 쓰는 것은 피해야 한다. 물론 어필하고자 하는 상대가 속물이라
면 이야기가 다르지만 말이다. 그리고 첫 문장은 짧고 간단하게 써라.
카피가 명확할수록 소비자가 카피를 읽기 쉬워지고 미끄럼틀 효과도
강해진다. 유일한 예외라면 기술적인 설명을 덧붙이는 경우뿐이다.

12. 상투적인 문구는 피하라

'세계가 기다리던 상품'이라든지, '믿을 수 없는 이야기'라는 식의
명백한 상투적 어구는 피해야 한다. 그런 문구는 쓰고 싶어도 절대로
쓰지 말아야 한다. 상투적인 문구와 판에 박힌 말을 사용하면, 별로

할 말이 없어서 단지 공간을 메우려 한다는 인식을 주기 쉽다. 그러면 지금 쓰고 있는 문장이 상투적인지 아닌지 어떻게 알 수 있을까? 만약 어느 광고회사가 20년 전쯤 쓴 게 아닐까 싶은 전형적인 카피가 생각났다면 일단 보류해 두자.

나에게 상투적인 문구를 쓴 적이 없냐고 묻고 싶을 것이다. 물론 있다. 초창기에 썼던 카피들은 상투적인 어구로 넘쳐났다. 당시에는 나도 그 정도로 무지했기 때문이다.

예를 들어, 1972년 탁상계산기 광고에서 나는 '세계가 너무나 기다려온 획기적인 발명품'이라는 문장을 썼다. 그 카피의 결과는 최악이었다. 하지만 이제 나는 그 정도로 진부한 문구는 쓰지 않는다. 1971년에 미국에서 소형 전자계산기를 소개했을 때의 서문은 '트랜지스터 라디오 이후의 획기적인 신기술은 이것이다'라고 썼다. 당시를 되돌아보면 상투어라기보다는 진실인지도 몰랐지만, 어쨌거나 소비자들에게는 상투적으로 들렸을 게 분명하다.

13. 리듬을 타라

노래에 리듬이 있듯이 문장에도 리듬이 있다. 유머 작가들은 그 점을 잘 알고 있다. 뛰어난 유머를 쓰는 것은 리듬이 완전히 몸에 배 있는 것과 마찬가지다. 사실 가장 쓰기 어려운 카피가 유머다. 어떻게 분위기를 띄우고 다시 가라앉힐 것인지가 중요하기 때문이다. 그렇다면 글의 리듬이란 실제로는 어떤 것일까?

확실한 유형은 없다. 짧은 문장 - 긴 문장 - 중간 문장, 짧은 문장 -

더 짧은 문장 – 굉장히 긴 문장과 같은 식으로 진행된다. 이해하겠는가? 중요한 것은 길이가 제 각각인 글을 섞어서 전체적으로 변화와 리듬감을 주는 데 있다.

어떤 문장들이 모두 길이가 비슷하고 쉽게 예상할 수 있는 유형이라면 읽는 사람이 어떻게 느낄까? 굉장히 지루할 것이다. 바로 그 점이 글의 리듬에서 중요하다. 문장의 길이에 변화를 주어서 리듬감을 살려야 한다.

14. 애프터서비스를 언급하라

고가의 상품이나 수리하기 어려운 상품을 취급하는 경우, 반드시 애프터서비스에 대해 언급해서 고장 시 수리가 간단하다는 사실을 전달할 필요가 있다. 유명 메이커의 이름을 제시하는 것만으로 애프터서비스가 확실하다는 사실을 알릴 수도 있다. 하지만 소비자들이 애프터서비스에 대해 질문할 가능성이 조금이라도 있다면 문장 안에서 그 문제를 짚고 넘어가야 한다.

핀볼게임기를 홈쇼핑으로 판매할 때, 우리는 구매자가 애프터서비스에 대해 걱정할 것이라고 생각했다. 만약 고장이 나서 수리가 필요하게 되면 어떻게 해야 할까? 우리는 광고에서 그 문제에 대해 언급했다. 고객의 걱정을 덜기 위해 쓴 카피는 이렇다.

애프터서비스
파이어볼은 집적회로 상에 전자제품 기술을 응축시킨 컴퓨터 제품입니다. 집적회로는 모두 잘 밀폐되어 있으며 사전에 테스트를 거쳤습니다. 애프터서비스는 반영구적입니다. 파이어볼은 자기진단 기능을 갖추고 있습니다. 예를 들어, 시스템의 어딘가에 문제가 생기면 백패널의 테스트 버튼을 누르는 것만으로 어디가 문제인지 스코어보드에 숫자로 나타납니다. 설명서를 확인하고 지시된 회로기판이나 전구, 부품을 떼어내고 가장 가까운 서비스센터로 보내세요. 새로운 부품으로 교체해 드립니다. TV나 스테레오보다 훨씬 간단히 수리할 수 있습니다.

한 문단 전체를 애프터서비스 설명에 할애했다. 그 결과 애프터서비스가 걱정이 되어 구입하지 않았을지도 모르는 수천 명의 사람들에게 핀볼게임기를 판매할 수 있었다.

디지털시계가 한창 붐이던 시기에 있었던 사례를 보자. 당시 디지털시계는 급속도로 보급되고 있었는데, 우리가 마케팅을 하던 새로운 디지털시계에 문제가 있었다. 태엽시계와는 달리 전지나 고도의 회로를 사용하는 디지털시계는 그만큼 불량 비율도 높았다.

나는 문장 속에서 어떻게든 그 문제에 대처해야 한다고 생각했다. 문제는 기회이기도 했다. 심각하면서도 급속도로 확대될 수 있는 이 문제의 어디에 기회가 숨어있을까 생각해 보았다. 그리고 품질을 보증하는 다음과 같은 문장을 생각해냈다.

센서 770은 부품과 수리비가 5년 동안 무료라는 전대미문의 보증이 포함되어 있습니다. 하나하나의 시계는 수 주일에 걸친 에이징, 테스트, 품질관리를 거친 후에 조립되어 다시 최종 점검을 받습니다. 사실 애프터서비스가 필요 없을 정도지만, 만의 하나 보증기간 내에 문제가 발생하면 댁으로 찾아가서 수리가 끝날 때까지 대신 쓰실 시계를 제공합니다. 물론 전부 무료입니다.

그리고 광고의 마지막 부분에서 재차 애프터서비스를 강조했다.

우리가 센서 770을 마케팅하는 것은 가장 선진 기술로 만들어진 디지털시계이기 때문입니다. 우리 회사의 이름을 걸고 추천하는 제품입니다. JS&A는 전지 하나라도 5년간 무료 보증합니다. 만의 하나 수리가 필요하면 그 동안 대체할 시계를 제공합니다.

나는 문장 속에서 애프터서비스에 관한 몇 가지 의문을 불식시켰다. 고객이 애프터서비스를 걱정하더라도 이 문장을 보면 고민은 사라질 것이다. 애프터서비스 대책을 이렇게 철저히 명시함으로써 문제가 되기 쉬운 불안의 씨앗을 사전에 제거할 수 있었고, 문제를 기회로 바꿀 수 있었다.

실제로 고객의 시계가 작동하지 않게 되어 무료전화로 신청을 하면, 우리는 즉시 사전에 업무제휴를 맺은 UPS를 통해 제품을 무료로 회수하기 위한 팩과 대체용 시계를 고객에게 보내고, 수리 후에는 대체용 시계를 돌려받기 위한 봉투(우송료 무료)를 보냈다.

이는 우리 회사가 고객을 중시하는 회사라는 인식을 확산시켰다. 우리 회사의 애프터서비스의 철저함에 고객들은 깜짝 놀랐다. 게다가 수리가 끝난 시계를 보내고 나면 고객에게 전화를 걸어 만족도를 확인했다.

만약 소비자가 무의식적으로 애프터서비스를 염려하고 있는데 당신이 그에 대해 미리 충분히 대응한다면 소비자 입장에서는 구매에 대한 거부감이 한층 줄어들 수 있다. 이로써 센서 770은 미국에서 가장 잘 팔리는 시계가 되었고, 고객 리스트는 다른 기회에 이용할 수 있는 유익한 데이터가 되어주었다.

내 친구 조 지라드에게 애프터서비스는 성공의 열쇠가 되었다. 그는 1년간 가장 많은 차를 판 사람으로 기네스북에 올라 있다. 판매 기술을 주제로 한 조의 저서는 모두 통찰력이 넘치며 한 번 읽어볼 만한 책들인데, 그가 그 정도로 유능한 영업사원이 된 비결은 바로 애프터서비스에 대한 그의 자세였다. 그에게 고객의 문제는 자신의 문제였다. 자동차를 팔 때마다 조는 구매자 전속 서비스 담당자가 되었다. 그의 업무 태도는 실로 감탄할 만했다. 구매자들은 자동차를 바꿀 때마다 조를 찾았다. 그의 성공을 뒷받침한 것은 가격이 아니었다. 물론 가격도 중요한 요인이지만, 조의 성공은 다름 아닌 애프터서비스를 책임지는 그의 자세였다.

15. 물리적인 정보를 명기하라

광고에서는 상품에 관한 모든 물리적인 사실을 언급해야 한다. 그렇지 않으면 사람들의 반응률은 줄어들 염려가 있다. 물리적 사실이란 상품의 무게나 치수, 제한, 속도 등을 말한다. 치수와 무게 등이 중요하지 않다고 생각할지도 모르지만, 아무리 사소하더라도 사지 않을 구실을 주면 소비자들은 사려고 하지 않는다.

광고를 내면 무료전화로 주문을 받는 게 합리적이다. 무료전화는 고객이 상품을 구입한 배경까지 알아낼 수 있는 장점이 있다. 전화를 걸어오는 사람들은 상품을 신뢰하고 그 상품을 위해 돈을 지불하겠다고 생각한 사람들이다. 그들이 구입에 이르는 과정을 들으면 고객의 심리적인 반응을 파악할 수 있는 절호의 기회가 된다.

광고에서 상품에 관한 모든 사실을 제공하지 않으면 구입하지 않을 구실을 준다는 점을 기억해야 한다. 그것이 상품의 중량이든 치수든 광고 안에 사실을 명시하지 않으면 소비자들은 의문을 품은 채 구입을 미룬다. 성격이 급한 사람은 전화나 이메일 등의 수단을 동원해 문의를 하겠지만, 문의를 하지 않는 사람들은 더 많을 것이다. 물론 그들은 주문도 안 한다.

체중계 광고 마케팅을 할 때의 일이다. 마룻바닥에 놓인 체중계의 사진을 게재하면서 체중계 자체의 무게는 명시하지 않았다. 체중계의 중량 따위 아무도 신경 쓰지 않을 거라고 생각했기 때문이다. 그러나 막상 광고를 내자 문의가 끊이지 않았다. 결국 광고에 중량을 기록했다. 또 다른 광고에서는 손에 상품을 들고 정확한 치수를 가늠해 보였지만, 무게는 별로 중요하지 않다고 생각하여 언급하지 않았다. 그때도 무게를 알고 나서 구매를 결정하겠다는 사람들로부터 끊임없이 전화가 걸려왔다. 별로 중요하지 않다고 생각될지라도 물리적인 사실을 기록하는 것을 절대로 잊지 않길 바란다.

16. 시험사용 기간을 제공하라

현실적으로 소비자가 상품을 구입할 때 만지거나 느껴보지 못하는 경우에는 시험사용 기간이 필요하다. 홈쇼핑이나 인터넷 상품, 오프라인 매장이 없는 지면 광고 상품이 대표적인 예다. 단 하나의 예외는 가치가 확실하고 누구나 아는 상품으로서 소비자가 손해를 봐도 좋다고 생각하는 경우뿐이다. 가령 기존의 브랜드 화장지 24롤을 통신판매를 통해 특가로 판매한다고 치자. 이런 경우에는 시험사용 기간이 필요하지 않을 것이다.

시험사용 기간은 짧아도 1개월이다. 2개월 가량이면 더욱 좋을 것이다. 시험사용 기간이 길수록 반품의 가능성은 줄고 소비자의 신뢰는 높아진다는 증거들이 있다.

가령, 시험사용 기간이 1주일 정도라면 어떨까? 소비자는 1주일 안에 제품에 대한 입장을 결정해야 한다. 압박감을 느낀 소비자는 상품을 제대로 음미하지도 못하고 가능한 한 빨리 구매 여부를 결정해야 한다. 1주일이 지나도 결정하지 못하면 어떻게 될까? 소비자는 아마 "확신이 없는 이상, 모험은 할 수 없지"라며 반품을 결심하게 될 것이다.

하지만 시험사용 기간이 2개월이라면 어떨까? 일단 압박감은 사라진다. 그 기업에 대한 호감도 생길 것이고, 2개월이라는 시험사용 기간을 설정해 놓을 정도라면 믿을 만한 상품이라고 간주할 확률이 높아진다. 따라서 상품을 이리저리 음미할 필요가 없다. 강박관념 없이 상품을 자유롭게 사용하는 동안 어느 새 2개월이 지나고 반품 따윈 생각도 하지 않게 되는 것이다. 반품을 하려면 언제든지 할 수 있다는 사실만으로도 고객에게는 충분한 신뢰가 쌓인다.

17. 신뢰할 만한 사람의 추천을 받아라

신뢰할 수 있는 사람이나 조직으로부터 추천을 받으면 상품의 신뢰도는 상승한다. 이는 본문 카피뿐만 아니라 헤드라인과 사진 등에도 이용할 수 있다. 어떤 유명인의 추천을 받을 수 있을지 궁리하라. 다만 상품에 어울리는 추천이어야 한다. 마이덱스라는 최신 보안시스템을 판매할 때, 우리는 저명한 우주비행사 월리 쉴라가 추천자로서 적임자라고 생각했다. 그는 흔쾌히 승낙을 했고 마이덱스는 그해 미국의 10대 히트 상품이 되었다. 농구화를 팔려고 한다면 마이클 조던이 추천의 적임자일 것이다. 상품에 어울리는 유명인의 추천사는 상품의 신뢰를 높여준다. 하지만 어울리지 않은 유명인의 추천은 오히려 역효과를 부를 수도 있다.

역추천이라 불리는 방법도 있다. 이 경우에는 유명인의 말을 이용하기보다 경쟁사에 대해 언급을 한다. 우리가 만든 올림푸스 마이크로 레코더의 광고는 다음과 같았다.

헤드라인 추천 전쟁
서브 헤드라인 어느 유명한 프로 골퍼가 추천한 제품이 라니어지요. 한편 우리 사장이 추천한 제품은 이것입니다. 100달러 이득이에요.
본문 카피 어떻게 느껴지십니까? 이 새로운 올림푸스 마이크로 레코

더는 150달러입니다. 가장 비슷한 경쟁 상품 라니어는 유명 골퍼의 추천으로 250달러죠.

고가 상품 추천사

어느 유명한 프로 골퍼는 자가용 비행기 '사이테이션'을 타고 다닙니다. 반면 올림푸스 마이크로 레코더를 추천한 사람은 좀 더 비용 효율이 좋은 단발기 비치크래프트 '보난자'를 조종하는 JS&A의 사장이죠. 골프 스타가 이유 없이 라니어를 추천하는 것이 아닙니다. 추천하는 대가로 그 만큼의 수입을 얻습니다.

그에 비해 우리 사장은 상품을 추천한다고 해서 돈을 받지는 않습니다. 상품을 팔아야 돈을 받겠죠. 게다가 그의 보난자는 프로 골퍼의 사이테이션만큼 비싸지도 않습니다. 그리고 우리 사장이 아끼는 차는 서민용 폭스바겐입니다.

이후 우리는 라니어의 판매방법(방문판매)은 비효율적이며 올림푸스(JS&A사에 의한 마케팅 상품)가 효율적이라고 썼다. 결론은 이렇게 맺었다.

질이 더 좋은 이 제품이 오히려 가격은 100달러나 저렴합니다. 그럴 수 있는 이유는 우리가 비싼 돈을 받는 사람에게 추천을 부탁하지 않았기 때문입니다.

추천의 또 다른 방법은 일반인에게 증언을 부탁하는 것이다. 주로

TV 광고나 홈쇼핑 채널에서 사용하는 방법이다. 블루블로커 선글라스 광고에서 우리는 이 방법을 이용했다.

마지막으로, 상품의 이용자가 자발적으로 상품을 추천해 주는 경우가 있다. 여기서 중요한 건 진실한 추천이어야 한다는 점이다. 허위로 추천을 하면 소비자들이 알아볼 것이고, 공정거래위원회도 가만있지 않을 것이다.

18. 적당한 시점에 가격을 드러내라

가격도 마케팅 카피에서 생각해야 할 중요한 요소다. 가격을 전면에 내세워야 할까, 아니면 구석에 표시해야 할까? 가격 글자는 크게 써야 할까, 아니면 보일 듯 말 듯 작게 적어야 할까? 이런 점들이 숙고의 대상이다.

상품이나 서비스를 경쟁사보다 더 낮은 가격에 팔고 있다면 가격을 잘 보이게 표시해야 한다. 요컨대 그 가격의 메리트를 사람들에게 확실히 알릴 필요가 있다. 반면에 가격이 높고 구입이 만만치 않은 상품이라면 가격 표시를 두드러지지 않게 하는 것이 좋다. 숨기는 것이 아니라 두드러지지 않게 하는 것이다.

카피를 쓸 때 당신은 고객이 질문할 만한 내용을 반드시 예상해야 한다. 그런데 예외가 하나 있다. 그들이 언제 가격에 대해 생각하기 시작하는지에 대해서는 예측할 수가 없다. 소비자들은 언제 어떤 상황에서든 가격을 궁금해한다. 광고를 읽기 전부터 궁금해할 수도 있고, 광고 중간이나 마지막에 가서 궁금해할 수도 있다. 물론 카피는 가격에 대한 궁금증을 즉시 해결해 줄 수 있어야 한다.

쿠폰 속(이 경우가 이상적이다)이나 큰 글씨로 강조한 부분 등, 당연히 있어야 할 곳에 가격 표시를 함으로써 소비자의 돌발적 궁금증을 풀어주는 것이 가장 적절하다. 광고를 훑어본 고객은 가격이 큰 글씨로 써 있거나 쿠폰에 표시되어 있으면, 그곳에 시선을 집중한다.

19. 요점을 정리하라

문장의 마무리 부분에서 요점을 정리해 주면 상당히 효과적이다.

"확인해 보세요. 지금이라면 불소수지로 가공한 포트 2개에 편리한 요리책과 비디오를 함께 받으시면서 가격은 19달러 95센트입니다."

이런 중요한 핵심을 놓치는 광고가 얼마나 많은지 안다면 당신도 놀랄 것이다.

20. 말을 너무 많이 하지 마라

저지르기 쉬운 가장 흔한 실수가 바로 이것이다. 말이 너무 많은 것이다. 이것은 편집상의 실수이기도 하다. 일반적으로는 어떤 테마에 대해 가능한 한 유창하게 이야기하고 매끄러운 흐름을 만들기 위해 카피를 다듬는다. 대개의 경우 리듬과 흐름이 생길 때까지 카피의 길이를 편집하고 다듬게 된다. 이는 시간이 걸리는 작업으로서 몇 가지 단계가 필요하다.

중요한 것은 편집을 하면서 '좀 더 간단히 정리할 순 없을까?'라고 항상 자문하는 데 있다. 50퍼센트, 심지어는 문장의 80퍼센트를 삭제해도 내용이 바뀌지 않는 경우도 있다. 가령 말이 너무 많은 영업사원과 간결하게 핵심을 짚어 말하는 영업사원의 차이와 마찬가지다. 친절하면서도 할 말만 하는 사람으로부터 물건을 사고 싶은 것은 당연할 것이다.

21. 주문 방법을 수월하게 만들어라

반드시 주문이 편리해야 한다. 이메일, 인터넷 주문, 무료전화, 절취선이 있는 쿠폰엽서 등 알기 쉽고 이용하기 쉬운 것이라면 뭐든지 좋다. 광고를 보고 상품의 주문서임을 한 눈에 알 수 있을 때 반응률이 높아진다.

22. 주문의 다짐을 받아라

마지막 부분에서는 다짐을 받듯이 주문을 촉구한다. 대부분의 마케팅 문장에 이 절차가 빠져 있다. 예를 들어, 마지막에 다음과 같은 카피를 넣는 것이다.

"지금 바로 주문하세요!"

뭘 그렇게 노골적이고 유치한 문구를 넣느냐고? 천만에. 가령, 고객이 구매 결정을 하려고 하는데 그것을 알아채지 못하고 옆에서 멀뚱멀뚱 서 있는 영업사원이 있다면 어떨까? 이는 경험이 부족한 영업사원들에게서 볼 수 있는 가장 흔한 모습이다. 반드시 주문을 받아내야만 한다. 광고의 마지막에 이를 어필하는 것이다. 상품의 설명이 끝나고 내용을 모두 읽었다면 고객은 순간적으로 구매를 해야겠다고 생각하기 일쑤다. 거기에 쐐기를 박는 것이다.

광고를 쓸 때, 아니 어떤 글을 쓸 때든 이상의 22가지 요소를 상기하기 바란다. 응용은 얼마든지 가능할 것이다. 당신의 글을 읽는 고객은 당신 직장의 상사가 될 수도 있고, 당신을 채용하려는 기업의 CEO일 수도 있다. 이 내용을 언제나 손이 닿는 곳에 두어라. 22가지 요소가 모두 중요하다. 모든 핵심을 확인하고 자신이 만든 문장의 결함을 찾아라.

읽는 이의 반응이 달라지는 글쓰기 포인트 22가지를 살펴보면 각각의 상대적인 중요성을 이해할 수 있다. 예를 들어, '부제'는 읽는 이의 위압감을 줄이는 정도의 목적밖에 없다. 하지만 '예상되는 궁금증을 해결하라'는 문장의 신뢰성에 큰 차이를 가져오는 요소다.

지금까지 우리는 상품을 히트시키는 마케팅 문장을 만드는 데 필요한 요소와 그 목적(첫 문장을 읽게 하는 것), 그리고 반응에 차이가 생기는 22가지 핵심 포인트를 배웠다.

정말 재미있는 것은 다음이다. 이제부터 모든 인간이 지닌 소비의 심리적 요인을 배우게 될 것이다. 22가지 소비의 심리적 방아쇠에 근거하여 구매를 앞당기는 동기부여 메시지를 알아볼 것이다. 수강생들은 이 부분을 가장 좋아했다. 어서 다음 페이지로 넘어가자.

심리적 방아쇠

모든 메시지를 글로 표현할 때 고려해야 할 사항들 중에서도 이제부터가 가장 흥미로운 부분이다. 드디어 마케팅 문장을 쓸 때 염두에 두어야 할 '소비의 심리학'을 살펴볼 차례가 되었다. 이것은 금방 이해되는 것이 있는가 하면, 스스로 경험하지 않는 한 이해하기 어려운 것들도 있을 것이며, 상당한 설명이 필요한 부분도 있을 것이다. 이번 장은 단순히 재미있는 차원에만 그치지 않을 것이다. 그럼 시작해 보자.

1. 감정이입

어느 전자제품 매장의 직원 이야기다. 그는 개점 이래 가장 우수한 직원이었다. 다른 직원들과는 비교가 되지 않았다. 그에게는 뛰어난 판매 테크닉이 있었다. 그러나 정작 감탄을 자아내게 만드는 것은 어떤 손님이 구매할 가능성이 가장 높은지를 판별해내는 그의 노하우였다. 매장에 고객이 들어오면 그는 먼저 고객의 행동을 관찰했다. 고객이 TV로 다가가 조작 버튼을 만지작거리면 그 제품이 팔릴 가능성은 50퍼센트였다. 조작 버튼을 만지지 않으면 가능성은 10퍼센트로 낮아진다는 것이다.

우리는 고객이 카피를 읽는 모습을 관찰할 수는 없다. 이 매장의 직원처럼 고객이 조작 버튼을 만지는지 어떤지 확인할 길이 없다. 하지만 글에 감정을 이입시키면 매장 직원처럼 카피로도 조작 버튼을 누르게 할 수 있다.

감정이입의 심리를 카피에 활용할 수 있는 방법은 광고를 읽는 독자의 눈앞에 상품이 놓여 있다고 상상하게 만드는 것이다. 예를 들어, 휴대폰 광고라면 "하이파이브 2000을 만져보세요. 버튼 조작이 얼마나 간편한지 느껴지세요?"라는 식이다. 상상력을 이용하여 소비자들에게 조작 버튼을 누르게 하는 것이다. 소비자들에게 당사자가 된 것 같은 기분을 느끼게 하려면 '마음속 여행'을 시켜야 한다. 실제로 휴대폰을 손에 들고 경험하듯이 느끼게 만드는 것이다. 소비자의 마음에 흘러들어가 이미지를 그려야 한다.

스포츠카 광고라면 이렇게 쓸 수 있을 것이다.

"신형 컨버터블을 경험해 보세요. 머리카락을 스치는 바람을 느껴보세요. 액셀을 밟으면 속도가 올라가며 몸은 시트에 포근히 감싸입니다. 멋지게 늘어선 계기판을 즐기면서, 세계 최고 스포츠카의 힘과

스릴을 느껴보십시오.”

　더 나아가 자동차의 모든 특색(구입의 결정적인 이유가 되는 것들)들을 설명해야 할 것이다. 하지만 정말 중요한 것은 여기서 말하는 감정이입이다. 이 테크닉은 가끔 ‘고객참여 장치(소비자들을 끌어들이는 연구)’라고 불린다. 소비자를 구매 과정에 끌어들인다는 것이다. “〈지금 바로 우체국에!〉라고 쓰인 엽서를 보내시면 저희 잡지를 1달간 무료로 시험 구독하실 수 있습니다”라는 종류의 권유를 받은 적이 있는가? 이 단순하고 어린아이 같은 사고방식은 대체 어디서 나온 것일까? 하지만 마케팅에 몸담고 있는 사람이라면 누구나 알고 있듯이, 이런 종류의 판촉 문구는 반응률을 2배로도, 3배로도 끌어올리곤 한다. 이는 단순한 것이 아니라, 굉장히 효과적인 마케팅 기법이다. 소비자들은 권유에 약하다. 그리고 문장의 힘에 의해 행동으로 옮기기도 하고, 행동을 망설이기도 한다.

TV의 고객참여 장치

　TV는 감정이입이나 고객참여 장치의 교본이다. 상품을 눈앞에서 보면 귀로 들을 뿐 아니라 손으로도 만지고 싶어진다. TV가 가장 효과적인 판매 수단이라는 것은 납득할 만하다.

　그렇다면 사람들은 고객참여 장치에 얼마나 좌우될까? 내 딸이 네 살 때의 일이었다. 발렌타인데이 스페셜로 스누피라는 어린이 영화가 방영되고 있었는데, 둘째 딸 질은 언니 에이프릴과 함께 방송을 보고 있었다. 그 광경을 지켜보았던 아내가 저녁에 흥미로운 이야기를 해주었다.

영화에서 찰리 브라운은 교실에서 발렌타인데이 카드를 나눠주기 위해 한 사람씩 이름을 부르고 있었다.

"사라, 메리, 샐리, 질……. 질은 어디에 있지?"

그러자 TV를 보고 있던 내 딸 질이 무심코 손을 들며 "나 여기 있어"라고 대답하더라는 것이다. TV에 감정이 이입된 나머지, 자신이 영화 속의 교실에 있다고 생각한 것이다.

나는 고객참여 장치에 대해 자주 이야기한다. 상품과 연관된 고객참여 장치는 매우 효과적이다. 내가 썼던 광고의 예를 소개하겠다. 그 성과는 정말 놀라울 정도였다.

상품은 '프랭클린의 스펠링 컴퓨터'라는 제품이었다. 철자를 올바르게 쓰도록 도움을 주는 컴퓨터였다. 이 제품은 등장할 당시 매우 참신하다는 평가를 받으며 곧 인기 상품이 되었다. 제품을 판매한 회사가 우리가 처음은 아니었지만, 우리가 취급했던 제품은 초기 모델보다 성능이 더 개선되어 있었다.

그런데 시장조사를 해보니 가격이 너무 비싸다는 결론에 도달했다. 가격을 내리자고 하면 메이커 측에서는 거절할 것이 뻔했다. 그래서 가격을 내리는 방법으로 고객참여 장치를 시험해 보았다.

먼저 상품소개를 특이하게 꾸몄다. 문장 중에 일부러 철자가 틀린 단어를 몇 개 써넣었다. 그 단어를 찾아 표시하여 우편으로 보내면 단어 하나당 2달러씩 가격을 할인해 주겠다는 제안이었다. 컨셉은 간단했다. 철자가 틀린 단어를 하나도 찾아내지 못하면 컴퓨터의 가격은 비싸진다. 하지만 철자가 틀린 단어를 모두 찾아낸 사람보다 찾지 못한 사람에게 오히려 스펠링 컴퓨터는 가치가 있을 터였다.

〈월스트리트 저널〉에 첫 광고를 냈을 때의 반응은 가히 폭발적이었다. 오랫동안 연락이 끊어졌던 지인에게서도 전화가 걸려올 정도였다.

"조, 틀린 단어를 전부 찾는 데 한 시간이나 걸렸어. 자네가 파는 컴퓨터를 사야겠는 걸. 평소에도 〈월스트리트 저널〉을 읽는 데 한 시간씩이나 걸리진 않는데 말일세."

당사자 심리를 갖게 하는 방법

결과는 외의였다. 우리는 독자들이 철자가 틀린 단어들을 모두 찾아낼 거라고 생각했었다. 사실은 '철자가 틀린(mispelled)' 이라는 단어조차 철자를 틀리게 써놓았었다(바른 철자는 'misspelled'). 하지만 최종 집계를 내보니 놀랍게도 평균 반 정도밖에 맞추지 못했다. 우리는 예상보다 높은 수익을 올리게 되었다. 그리고 물론 스펠링 컴퓨터를 필요로 하는 사람들은 확실한 가치를 손에 넣은 셈이었다.

자신이 당사자라는 심리(감정이입)는 고객참여 장치로서, 그런 심리를 갖게 만들기 위해서는 소비자들이 그 상품을 이미 소유하고 있는 것처럼 느끼게 만들어야 한다. 상품을 갖고 있다면 어떤 느낌일지 순차적으로 설명하면서 상상력을 펼치게 해야 한다.

"트레이닝 기구가 도착하면 바로 사용해 보십시오. 먼저 추를 조정하십시오. 침대 밑에 간단히 수납이 가능하다는 점도 확인하세요."

이미 상품을 구입한 것 같은 기분이 들게 하는 것이다. 감정이입 광고는 실제로 굉장히 효과적이다. 특히 고객참여 장치가 사용될 경우에는 더욱 그렇다. 문장에 이런 심리 장치가 포함되어 있다면, 분명히 마케팅 효과는 높아진다.

2. 정직과 성실

고객을 움직이는 심리 요소들 중에서 가장 중요한 것을 하나 고른다면 바로 '정직함'이다. 광고는 정직하고 진실해야 한다. 메시지가 불성실해서 좋은 결과가 나올 수 없다는 이야기가 아니다. 믿기 어려운 가격이나 광고와는 다른 상품을 소비자에게 제공할 경우, 한두 번 정도는 소비자들을 속일 수 있을지 모른다. 하지만 오랫동안 지속적으로 속이는 것은 불가능하다.

여기서 강조하려는 것은 불성실해도 속일 수 있는지의 여부와 어느 정도의 기간을 속일 수 있는가가 아니라, 심리적인 도구인 정직함에 대해서다. 먼저 중요한 전제를 확인하자.

소비자는 현명하다. 당신이 생각하는 것 이상으로 현명하며 한 사람이 아니라 집단일 때 더욱 현명하다. 35년 동안의 경험으로 이야기하는 것이다. 소비자의 눈은 날카롭다. 소비자는 마케터의 이야기가 참인지 거짓인지 간파해낸다. 광고가 정직할수록 고객은 그 메시지를 순순히 받아들인다. 거짓 카피를 쓰면 그 카피는 당신이 말하고 싶었던 것을 전해주면서도, 동시에 당신이 숨기려고 애쓰는 것도 함께 전해준다. 대부분의 소비자가 그 차이를 구별할 수 있다고 보면 틀림없다.

나는 광고를 만들 때 상품의 부정적인 측면도 많이 드러낸다. 광고의 앞부분에서 단점을 언급하는 것이다. 물론 단점이라고 해도 큰 문제는 아니며, 결국 이 상품은 구입할 만한 가치가 있다고 결론을 내린다. 소비자들은 이런 메시지를 신뢰하여 상품을 열심히 사주었다. 광고가 정직하고 솔직할수록 반응은 좋아진다. 광고에서 가장 명심해야 할 요소는 바로 정직함이다.

소비자에게는 사실을 볼 수 있는 눈이 있다. 마케터들과는 비교도 안 될 정도로 현명하기 때문에 사실을 숨길 수는 없다. 속임수는 반드시 들통이 난다. TV 광고든 지면 광고든 인터넷 마케팅 카피든, 있는 그대로의 사실을 정직하게 전달해야 한다는 점을 꼭 명심하길 바란다. 정직한 비즈니스가 결국 살아남는다.

3. 신뢰감

정직함과 성실함을 전하면 신뢰가 높아지는 것은 당연하다. 하지만 신뢰가 곧 정직은 아니다. 신뢰란 말 그대로 믿을 수 있다는 말이다. 가령 매우 싼 값의 상품을 판매할 경우, 마케팅 문장은 싸게 파는 합당한 이유를 전달할 수 있어야 한다.

다른 곳에서 400달러 하는 물건을 100달러에 판다고 가정해 보자. 마케터가 할 일은 그 가격에 대한 신용을 얻는 일이다. 중국에서 대량으로 구입했다거나 대기업의 재고를 싼 값에 매입했다는 등의 과정 설명이 있어야 한다. 요컨대 당신의 회사와 당신의 제안에 신뢰가 느껴져야 한다는 말이다.

신뢰가 정직함을 의미하는 경우도 있다. 소비자들은 정말로 당신을 믿을까? 경솔한 말투, 상투적인 표현, 과장하는 행위 등은 신용을 떨어뜨린다. 신용에 가장 나쁜 영향을 미치는 처사는 소비자들의 의구심이나 반론을 해결하지 않는 무책임함이다. 상품이나 서비스에서 확실하게 드러나는 결함을 얼버무리는 태도도 여기에 해당한다. 제기될 만한 의구심이나 반론을 예상하고 그것을 해결해 주는 문장이 신용이 높아지는 것은 두말할 필요도 없다.

가령 설치나 조립이 필요한 상품이 좋은 예다. 상품을 상자에서 꺼내어 바로 사용할 수 없다면 조립이 필요하다는 점을 반드시 명기해야 한다. "편리한 조립용 도구가 포함되어 있습니다. 익숙하지 않으신 분들도 5분 만에 조립할 수 있습니다"라는 식의 문구가 들어 있어야 한다. 되풀이해서 말하지만 마케팅 문장의 신용에 중요한 것은 소비자 입장의 불만을 예측하고 이를 해결해 주는 것이다.

기본적으로는 소비자가 다음에 제기할 것 같은 궁금증을 예상하여 솔직하고 신뢰할 수 있는 태도로 답하는 데 있다. 당신의 성실성이 중요하다. 최대한의 신뢰를 느낄 수 없다면 사람들은 구입을 주저하게 될 것이다.

미국의 경우 TV 홈쇼핑 채널인 QVC에 나오면 어떤 상품이라도 잘 팔린다. QVC 자체가 이미 고객의 신뢰를 확보하고 있기 때문이다. 사람들은 QVC에 소개된 상품이라면 틀림없이 괜찮은 상품이고 소비자가 필요로 하는 상품일 거라고 생각한다. 아마도 그 상품을 구매하는 사람들은 이전에도 QVC에서 상품을 샀고, QVC가 신뢰할 만한 회사라고 느끼는 사람들일 것이다. 즉 QVC의 신용에 상품이 편승하는 양상이다. 만약 QVC의 신용과 당신 상품의 신뢰가 조합된다면 더 바랄 나위가 없을 것이다.

잡지와 신문에 따라서도 신뢰는 달라진다. 〈월스트리트 저널〉에 광고를 실으면 그 신문의 신용과 정직성에 상품이 편승하게 된다. 소비자들이 미끼로 이용되는 경우는 없다. 이에 비해 〈내셔널 인콰이어러〉에 광고를 실으면 그 잡지가 신용이 없으므로 당신의 상품도 고전할 것이다.

광고를 내는 환경으로부터도 신뢰는 영향을 받는다.

브랜드를 이용하여 신용을 높이는 방법도 있다. 예를 들어, 지펠의 냉장고와 똑같은 성능의 어떤 제품을 요크스라는 이름으로 판매한다면 어느 쪽이 신뢰를 받을까? 가격이 같다면 당연히 지펠이 잘 팔릴 것이다.

믿을 만한 유명인의 추천을 받는 것도 하나의 방법이다.

기업의 이름도 신용에 영향을 미친다. 미국 기업 중에 컴퓨터를 판매하는 '톰의 오두막' 이라는 회사가 있었다. 이 회사의 이름은 상품의 신뢰성에 방해가 되었다.

나는 JS&A와 그 만큼은 알려지지 컨슈머스히어로의 영향력을 조사하기 위해 〈월스트리트 저널〉에 회사명만 다른 동일한 광고를 낸 적이 있다. 그 결과 JS&A라는 회사명으로 낸 광고가 훨씬 반응이 좋았다. 이름만 다를 뿐이었는데도 말이다.

도시나 주의 이름으로 신용이 올라가는 일도 있다. 그래서 비교적 작은 도시를 거점으로 삼는 기업 중에 런던이나 파리, 뉴욕에 사무실을 두는 경우가 그 때문이다. 카피로 어떻게 신뢰도를 높일지 다양한 방법을 검토할 필요가 있다.

4. 가치의 증명

아무리 돈이 많은 억만장자도 물건을 살 때는 자신이 속고 있지 않다는 사실을 확인받고 싶어 한다. 그리고 그런 감정 이상으로, 지불한 돈에 걸맞은 가치를 획득했음을 확인하고 싶어 한다.

광고는 사례와 비교를 통해 상품에 가치가 있다는 사실을 분명하게 전달해야 한다. 비슷한 특징의 다른 상품과 가격을 비교한 후, 자신의 상품이 더 뛰어난 가치를 제공한다는 점을 입증해야 한다. 분명한 가치 우위를 증명함으로써 고객이 구입할 만하다고 여길 이유를 제공하는 것이다. 상품 본래의 가치를 고객들에게 가르쳐주는 것만으로도 가격 인하의 효과를 기대할 수 있다. 즉 소비자들에게 제공하는 교육만큼의 가치가 존재한다.

상품 구매는 납득할 만한 이유에 근거한 감정적인 행위다. 감정적으로 벤츠를 사면서, 동시에 기술과 안전성, 중고차로 되팔 때의 가치 등 합리적 이유를 찾고 싶어 한다. 소비자들은 감정에 이끌린 구입을 하면서도 상품의 가치를 제대로 납득하려 한다.

엄격한 경쟁이 있는 만큼 소비자들은 항상 "이 상품의 가격은 적절한가"라고 묻는다. 마케터가 그런 궁금증을 해결하지 못하면 고객과의 효과적인 의사소통은 불가능하다.

5. 구입의 정당성

모든 소비자들이 광고를 읽으면서 떠올리는 것 중 하나는 '정말 이

제품을 사도될까?' 라는 생각이다. 다시 말하지만 반드시 제기되는 이 의문을 당신은 해결해야만 한다. 고객의 궁금증에 대답하지 못하면 결국, '생각 좀 해봐야겠다'라는 구실을 주게 된다. 그러면 당연히 상품은 팔리지 않는다.

문장의 어딘가에서 반드시 구입의 명분을 제공함으로써 어떤 이의나 반론도 잠재워야 한다. "당신에게 어울리는 상품입니다!"라는 한마디 말로 해결되는 경우가 있는가 하면, "가격 면에서 이득이다(지금만 가능한 가격), 건강에 좋다(눈을 보호한다), 사람들의 눈길을 끈다(이 상품을 지니면 뭇 남성들이 가만히 내버려두질 않는다)"는 등, 잠재고객의 바람이나 요구에 근거한 철저한 명분을 준비해야 하는 경우도 있다.

나는 이런 말을 자주 듣곤 했다.

"당신의 광고를 읽고 나서, 구입하지 않으면 왠지 미안한 기분이 들어요."

대단한 칭찬인데, 이런 말을 듣는 이유는 아마도 소비자들의 마음속에 구매의 정당성을 납득시켰기 때문일 것이다.

가격이 높을수록 구매의 정당성을 납득시킬 필요가 있다. 반면에 가격이 낮을수록, 또는 가격에 비해 가치가 높을수록 구매를 납득시킬 필요성은 줄어든다. 실제로 가격이 낮은 경우, 소비자의 구매 욕구가 더 크게 작용한다.

6. 저가低價 욕구

'이득이 되는 상품에 끌린다' 는 의미에서 저가 욕구는 구매에 큰 영향력을 미친다. 나 역시 싸다는 이유만으로 필요하지도 않는 물건을 구입했던 경험은 셀 수 없이 많다.

저가 상품이나 낮은 가격으로 제공되는 고가 상품의 경우, 욕구를 중요한 요인으로 생각하는 데 망설일 필요는 없다. 다만 가격이 너무 낮으면 그 가격을 납득시키지 않으면 신뢰가 떨어지는 경우도 있다. 대부분의 사람들이 싼 물건을 구입해 놓고 지불한 가격에 비해 비싼 가치를 얻으려 한다. 그러므로 동일한 가격으로 통상적으로 얻을 수 있는 것보다 높은 가치를 제공하는 것은 소비자의 욕구를 자극하는 방법 중 하나다.

우리가 〈월스트리트 저널〉에 게재한 광고에서 어떤 계산기를 49달러 95센트에 팔았을 때, 계산기 제조업체는 몹시 불쾌해했다.

"그 제품은 69달러 95센트에 팔아야 하는 제품이에요. 전국의 대리점들이 불만을 쏟아내고 있어요."

"걱정하지 마세요. 수정하겠습니다."

그러고는 다시 작은 광고를 냈다. 실수가 있었다는 점을 공표하고 49달러 95센트에서 69달러 95센트로 가격을 조정하겠다는 내용과, 며칠 동안만 현재의 가격으로 구입할 수 있다고 설명했다. 상당히 작은 광고였음에도 불구하고 반응은 그때까지의 주문을 웃돌면서 불과 며칠 동안 49달러 95센트에 계산기를 사려는 사람들의 주문이 쇄도했다.

인간의 욕구를 언제나 이용할 수 있는 것은 아니다. 단지 사람이 지닌 연약한 부분을 파고드는 효과적인 도구로서 인식해 둘 필요는 있다.

어떤 상품이든 가격을 내리면 대개는 매출이 늘어난다. 하락 폭이 클수록, 그리고 가격이 내려갈수록 매출은 증가한다. 하지만 지나치게 가격을 내리면 이번에는 그 가격의 정당성을 납득시켜야 한다. 품질에 대한 의구심이 생기며 신용의 붕괴가 일어나기 때문이다. 저가욕구는 엄연히 존재한다. 고객과의 의사소통에서 이 점을 꼭 기억하기 바란다.

7. 권위

모든 회사는 자신들의 권위와 규모, 사회적 위상, 목적 등을 어필한다. 대부분의 사람들은 특정 분야에서 권위를 가진 곳과 거래하고 싶어 한다. 사람들의 선호도가 백화점에서 특정 상품만을 취급하는 전문점으로 옮겨가고 있는 것은 당연한 추세다. 전문점은 그 분야에 대한 지식이 뛰어나고 영향력이 크기 때문이다.

최근 몇 년간 JS&A는 스스로를 "미국에서 유일한 최대 규모의 전자제품 공급업체"로 불러왔다. JS&A가 지향한 것은 최신 전자제품의 주된 공급자로서의 권위를 쌓는 일이었다. '유일한'이라고 했는데 JS&A는 문자 그대로 상품을 한 장소에서 출하했다. 최신 전자제품의 취급량이 시어즈나 레디오샤크 정도는 아니었지만, 한 장소에서의 출하량으로는 최대였고 그 상품만을 특화해서 팔았다.

기업의 규모에 상관없이 모든 광고는 권위를 확보해야 한다. 예를 들어, '미국 최대의 굴뚝청소용품 업체'라는 식으로 말이다. 규모가 작은 기업이라면 '최고의 광고 비즈니스 종사자 클럽'이라고 표현할 수 있을 것이다. 자신의 회사에 대해 확실히 알고 나면 회사의 권위와 전문성에 어울리는 표현을 찾을 수 있다.

그런데 권위가 쌓이면 이번에는 그 권위를 쌓기까지 사용했던 표현을 바꾸고 싶은 유혹에 빠지게 된다. JS&A의 경우도 동일한 캐치프레이즈를 6년 가까이 사용하자 이젠 더 이상 필요 없을 것 같은 생각이 들었다. 하지만 처음 광고를 접하는 고객은 대부분 권위 있는 기업이라는 표현에서 안도감을 느낀다. '미국에서 유일한 최대 규모'라는 문구에서 신뢰를 느끼는 것이다.

기업명에 따라 권위를 쉽게 쌓을 수도 있다. 가령 '아메리칸 심볼릭 코퍼레이션'이라는 회사는 이름만으로는 대기업처럼 들린다. '잭과 에드의 비디오'라는 회사 이름으로는 부족하다. 이름만으로도 이미 회사를 충분히 대변해야 권위를 확보하는 데 효과적이다.

네바다 대학생의 부탁

사람들이 '○○의 권위자'라고 불리는 존재를 중요하게 생각하는 건 당연하다. 당신이 컴퓨터를 구입하려고 한다고 치자. 당신은 먼저 주변에 컴퓨터 통이라고 불리는 사람에게 물어볼 것이다. 그 사람을 대니라고 하자. 대니는 컴퓨터의 권위자로 알려져 있는 만큼, 당신은 꼭 그의 조언을 듣고 싶어 한다. 그는 무엇을 어디에서 사면 좋은지 당신에게 알려준다. 아마 나름대로 신용이 있는 컴퓨터 대리점을 추천할 것이다. 중저가 판매점일지도 모르고 최상의 서비스를 제공하는 곳일 수도 있다. 어디로 갈지는 당신의 필요에 달려 있다.

권위를 내세우는 문구를 사용하지 않고도 레이아웃이나 함축된 메시지를 통해 권위를 느끼게 할 수도 있다. 판매하려는 상품과 서비스에서 권위를 확보하면 광고는 영향력이 달라진다.

나의 개인적인 경험 하나를 소개하겠다. 라스베가스에서 어느 비즈니스 용품점에 막 들어가려던 순간이었다. 한 젊은 여성이 달려와 이렇게 말했다.

"부탁이 있는데요."

갑작스러운 접근에 나는 조금 당황했다. 처음에는 무언가 긴급한 사태가 벌어졌다고 생각하고 "네, 무슨 일이시죠?"라고 다급하게 물었다.

그녀는 금방 눈물이라도 흘릴 것 같은 표정으로 울먹였다.

"컴퓨터를 사려고 가장 마음에 드는 걸로 하나 골랐는데, 제가 고른 것이 정말 괜찮은지 알고 싶어서요. 함께 매장에 가서 의견을 좀 들려주실 수 있어요?"

얼마나 간절했으면 처음 보는 사람에게 이런 부탁을 할까 싶었다. 나는 알았다고 하고 함께 매장으로 들어갔다. 그녀는 네바다 주립대학 라스베가스 분교 학생이었다. 컴퓨터를 처음으로 사는 것이라서 현명한 선택인지 경험자에게 확인해 보고 싶었던 것이다.

매장 안에는 컴퓨터에 대해 자세히 아는 사람이 없는 모양이었다. 나는 그녀가 선택한 컴퓨터를 살펴보았다. 다행히 내게 컴퓨터에 대한 지식은 충분했으며, 나는 그녀에게 "훌륭한 선택이며 구입할 만한 물건"이라고 말해 주었다. 내가 학교 공부에 도움이 될 기술적인 특징들을 알려주었지만, 그녀는 무슨 말인지 잘 이해하지 못하는 것 같았다. 하지만 나의 말에 올바른 선택이라고 믿는 듯했다.

아무도 실수하고 싶어 하지 않는다

안심한 그녀는 나에게 감사 인사를 하면서 컴퓨터를 구입했다. 그리고 걸어가다가 돌아서서 말했다.

"아르바이트로 고생해서 모은 돈으로 사는 거라서 바보 같은 실수는 하고 싶지 않았거든요."

당신이 같은 입장에 있더라도 먼저 컴퓨터 권위자의 의견을 듣지 않았을까? 당신도 역시 돈을 잘못 쓰고 있지 않다는 확증과 안도감을 얻고 싶을 것이다. 무언가 가치 있는 물건을 살 때 사람은 언제나 비슷한 심정이 된다. 안심하고 싶은 것이다. 이 여학생의 경우 판매업자가 전문가로서 신뢰할 수 있었다면 따로 의견을 구할 필요는 없었을 것이다.

물건을 사고 난 후에도 제대로 샀다는 사실을 확인하고 싶기 마련이다. 유명한 마케팅 컨설턴트였던 폴 브린지Paul Bringe는 이렇게 쓰고 있다.

"비싼 물건을 산 뒤 사람들이 맨 먼저 하는 일은 그것이 제대로 구입한 물건이었다고 다른 사람의 확인을 받는 일이다. 가족, 이웃, 친구, 동료들이 확인해 주기를 기다리는 것이다."

우리가 전화 주문을 받을 때 한 가지 놀라웠던 점은 많은 고객들의 "이건 당신 회사의 히트 상품이 틀림없군요!"라는 말이었다. 하지만 대개의 경우 그렇지 않았다. 그러나 우리가 "고객님이 고르신 상품은 저희 회사의 인기상품입니다"라고 말하면, 그들은 언제나 "역시 그렇군요"라고 반응했다. 누구나 자신이 좋은 물건을 샀다는 안도감을 원한다.

8. 만족 확신

이 제목을 보고 시험사용 기간에 관한 이야기라고 생각할지도 모르겠다. 분명히 시험사용 기간은 '만족할 거라는 확신', 즉 마케터가 고객의 만족을 확신하고 있다는 하나의 표방이다.

"1개월이 지나도 제품에 만족하지 못하실 경우에는 반품하시면 전액 환불해 드립니다."

하지만 여기서 말하려는 것은 시험사용 기간이 아니다. 물론 제안에 시험사용 기간이 있으면 매우 효과적이다. 소비자들은 실제로 상품을 사용해 보고 계속 사용할지 어떨지의 여부를 결정할 수 있다. 시험사용 기간은 구매자에게 일종의 신뢰를 제공한다. 자신이 원하는 물건이 아니면 다시 생각해 볼 수 있기 때문이다.

하지만 만족 확신은 시험사용 기간에 한정되지 않는다. 이는 당신이 고객에게 다음과 같은 메시지를 전하는 것이다.

"이 상품은 분명히 마음에 드실 겁니다. 믿을 수 없을 정도로 이득이 되는 조건을 준비했습니다."

고객이 당신의 제안을 읽고 "이 회사는 상품에 자신이 있군"이라든가, "그렇게까지 하다니", "너무 시원스럽게 굴다가 오히려 고객에게 이용당하는 건 아닌지"라는 말을 듣는다면 그거야말로 만족 확신을 충분히 제공한 것이다.

예를 들어보자. 블루블로커 선글라스를 처음 취급하기 시작했을 때 나는 TV 광고에서 다음과 같이 말했다.

"만족하지 못하실 경우에는 언제라도 반품이 가능합니다. 시험사용 기간은 없습니다."

이렇게 말하면 대부분의 사람들이 '정말 좋은 상품인가 보군. 그렇지 않다면 이런 제안은 불가능하겠지'라고 생각할 것이다. 또는 "이용당할 수도 있을 텐데……"라고 혼잣말을 할지도 모른다. 반드시 만족할 수 있는 물건이기 때문에 쉽게 찾아볼 수 없는 조건을 제시한다는 확신으로 비쳐진다. 나는 어느 광고에서 다음과 같이 말한 적도 있다.

"만족하실 수 없는 경우에는 전화해 주십시오. 저희 비용으로 회수하고 반품에 걸린 시간도 포함하여 전액 환불해 드리겠습니다."

만족 확신이 갖는 힘

만족 확신이 갖는 힘을 시험한 적이 있었다. 컨슈머스히어로의 광고에서 우리는 저가의 상품을 소개한 팸플릿 구독자격을 팔았다. 사람들에게 단순히 팸플릿을 보내는 것이 아니라, 클럽을 만들어 회원으로 가입하면 팸플릿의 구독자격을 제공했다. 그 700단어의 광고 속에서 다양한 실험을 해보았다. 헤드라인을 바꾸었을 때는 반응이 20퍼센트 가량 올라갔다. 반면에 가격을 바꾸었을 때는 반응에 별다른 변화가 없었다. 다만 가격을 내릴수록 주문은 늘었다. 하지만 무엇보다도 만족 확신을 제시하면 반응이 두 배 이상으로 증가했다.

한 광고에서는 "2년간의 구독기간 중 아무것도 사지 않으시면 구독료를 환불해 드립니다"라고 제안했다. 그리고 또 다른 광고에서는 "만약 2년 동안 아무것도 사지 않은 채 구독기간이 완료되어도 안심하십시오. 회원증을 반납하시면 5달러 전액과 그 이자까지 돌려드립니다"라고 제안했다.

전자는 기본적이고 간단한 시험사용 기간의 제안이다. 하지만 후
자는 시험사용 기간에 그치지 않는, 만족 확신 수준의 제안이다.

이 실험에서는 만족 확신의 제시가 광고의 가장 마지막에 있었음
에도 불구하고, 반응은 두 배에 달했다. 즉, 이런 의미다. 소비자들은
광고를 모두 읽었다. 그리고 중요한 구매 결정을 해야 하는 마지막의
마지막에 도달해서 만족 확신을 통해 클럽 회원이 되는 일에 대한 저
항감이 말끔히 해소된 것이다.

잠재고객을 미끄럼틀로 끌어들이며 광고의 마지막까지 오게 만들
면 그때야말로 중요한 절차가 기다리고 있다. 당신은 이제 구매 제안
을 해야 한다. 왜 이것이 좋은 조건인지, 왜 이 상품을 사야 하는지
최종적인 설득을 해야 한다. 고객에게 마지막 한 걸음을 내딛게 할
극적인 도구가 필요하다. 이 모두가 마케팅 문장의 마지막 부분에서
이루어진다. 마치 영업사원이 주문을 재촉하면서 "지금 주문하시면
획기적인 혜택을 드립니다"라고 말하는 것과 같다.

만족 확신은 치밀하게 사용하는 것이 중요하다. 가장 이상적인 것
은 앞서 언급한 것처럼 불만을 예상하고 해결하는 일이다. 하지만 해
결은 사람들의 기대 이상이어야 한다.

컨슈머스히어로의 광고에서는 그 점이 효과적이었다. 마지막 부분
에 남아있을지도 모를 사람들의 저항감을 불식시키도록 되어 있기
때문이다. 먼저 "2년간 아무것도 사지 않으면 어떻게 될까?"라는 소
비자들의 궁금증을 예상했다. 그리고 만족 확신, 즉 소비자들의 기대
를 뛰어넘는 조건을 제시하여 문제를 해결했다.

단, 만족 확신은 구매 제안에 어울리는 것이어야 한다. 고객의 의문에 잘못된 해결책으로 대응해서는 안 된다. 의문에는 반드시 정직하게 답변해야 한다. 즉 제안에 적절한 것이어야 한다.

만족 확신은 마케팅의 중요한 도구지만, 이것을 알고 활용하는 사람이 거의 없다. 만족 확신을 강력하게 제시할 수 있다면 마케팅 실적은 크게 올라간다.

9. 상품의 본질

상품을 어떻게 팔 것인지 궁리할 때, 이것은 굉장히 중요한 포인트다. 어떤 상품이든 거기에는 독특한 개성과 본질이 있으며, 그것을 발견해야 할 사람은 다름 아닌 마케터다.

상품의 '드라마'를 어떻게 제시할 것인가? 상품이 지닌 진정한 메리트와 감정을 표현하고 가능한 한 많은 사람들이 구입하게 만들기 위한 방법은 바로 상품의 본질 파악에 있다. 각각의 상품이 지닌 본질을 이해하고 강점을 살려내야 설득력 있고 호소력 있는 프레젠테이션이 가능해진다.

예를 들어보자. 완구의 본질은 무엇일까? 즐거운 게임이라는 것이다. 따라서 광고에서는 즐거움의 측면을 전면에 내세워야 한다. 혈압계의 본질은 무엇일까? 혈압을 확인하기 위해 사용하는 본격적인 의료 기구다. '본격적'이라는 말에 주목하자. 도난경보기의 본질은 무엇일까? 설치가 간단하고 긴급한 상황에서 반드시 작동하여 거주자를 보호해야 하는 상품이다. 대개의 경우 상품의 본질을 이해하고 인식하는 데 큰 어려움은 없다.

　당신의 기업이 판매하려는 상품의 본질을 이해해야 한다는 사실을 명심하기 바란다. 그걸 모른다면 효과적인 마케팅은 어렵다고 봐야 한다.

10. 타이밍

　자신의 아이디어가 너무 앞서갔거나 뒤처졌던 경험은 누구에게나 있을 것이다. 나의 강의를 듣는 수강생들도 "타이밍을 놓쳐서 실패했다"고 자주 푸념하곤 했다.

　타이밍은 당연히 유행과 크게 관계되어 있다. 비즈니스를 하는 사람이라면 누구나 어떤 유행이나 트렌드에 초기부터 관여하고 싶어 한다. 한참 역사가 벌어지는 도중이나 퍼레이드의 마지막에 참여하고 싶은 사람은 없을 것이다. 유행의 흐름을 잡아내는 것이 현명한 타이밍이다.

　하지만 소개가 너무 빨랐거나 늦은 상품들은 얼마든지 있다. 바로 타이밍이 문제다. 언제 신제품을 출시할 것인가? 준비는 충분히 되어 있는가? 타이밍을 어떻게 파악해야 하는가?

　범죄가 증가할 때 도난경보기를 파는 것은 상식일 것이다. 사회적으로 일대 사건이 일어날 때마다 그 사건에 편승할 비즈니스 기회는 얼마든지 있다. 얄팍한 상술 아니냐고 비난할지도 모르지만, 비즈니스는 결국 전쟁이라지 않는가? 전쟁과 사랑에서는 모든 행위가 정당하다는 격언처럼 말이다.

레이건이 대통령이던 시절, 어느 날 TV에 출연하여 미국인의 빚이 너무 많다고 경고한 적이 있었다. "신용 카드 사용을 줄이라"고 충고했다. 수백만 명의 미국인들이 그 말을 따랐다. 카드사의 매출이 하룻밤 사이에 급락했다. 카드사들의 사전 시장조사 결과는 희망적이었지만, 너무 갑작스러운 발표라서 타이밍이 부정적으로 바뀌었다. 공격하기보다 움츠려야 했다. 결국 당시의 카드사 광고는 긴축으로 타이밍을 기다리는 전략에 들어가야 했다.

언제 시기가 좋을지를 아는 것은 매우 중요하다. 우리는 '본 폰'이라는 목에 거는 휴대용 라디오를 팔았다. 타이밍은 완벽했다. '워크맨'이 등장하기 전까지는 말이다. 그런데 워크맨의 등장으로 우리의 제품은 큰 타격을 입었다. 역시 타이밍이 문제였다. 타이밍이 상품을 살리는가 하면 죽이는 일은 비즈니스 세계에서 다반사로 벌어진다.

전자혈압계를 판매하기 위해 미디어 조사를 한 적이 있었다. 조사 결과가 좋을 것이라고 어림으로 생각했었지만, 막상 뚜껑을 열어보니 생각보다 훨씬 희망적인 결과가 나왔다. 모두가 놀랐다. 자신만만해진 우리는 광고 매체를 모두 동원하여 전국적인 광고전을 펼쳤다. 30만 달러나 되는 예산이 들어갔다. 하지만 광고 직후 우리가 실시했던 조사가 오류였음이 밝혀졌다. 이미 광고 집행을 끝냈던 나는 손해를 볼 각오를 굳히고 있었다.

그런데 우연하게도 타이밍이 도와주었다. 광고와 거의 동시에 미국심장협회가 정기적으로 혈압을 측정하자는 대형 캠페인을 시작한 것이다. 우리의 매출은 급증하였고, 막대한 손실을 낼 뻔 했던 제품이 상당한 이익이 되어주었다. 그뿐 아니라 정기적인 혈압 측정을 촉구한 공로를 인정받아 미국생명연장협회로부터 상까지 받았다.

11. 소속 욕구

소속의 욕구는 마케팅에서 활용해야 할 강력한 심리적 도구지만, 충분히 인식되어 있지 않다.

사람들은 왜 벤츠를 구입하는가? 왜 말보로를 피우는가? 왜 어떤 상품이 유행하는가?

그것은 이미 상품을 소유하고 있거나 사용하는 사람들 그룹에 들어가고 싶다는 인간의 무의식적인 욕구 때문이다.

말보로를 피우는 사람은 광고가 만들어낸 야성미 넘치는 서부 사람의 이미지가 있는 흡연자 그룹에 무의식적으로 끼고 싶어 한다. 벤츠를 사는 사람들은 벤츠의 주인이라는 특별한 그룹에 소속되기를 원한다. 벤츠의 브레이크나 서스펜션이 특별하기 때문이 아니다. 그들은 다른 자동차보다 조금 더 고성능인 차를 사기 위해 거금을 지불하는 것이다. 다른 자동차를 타고도 같은 속도로 같은 장소에 갈 수 있다. 그런데도 그들은 벤츠를 사기 위해 훨씬 더 많은 돈을 적극적으로 지불한다.

이런 예는 셀 수 없이 많다. 이미지가 확립되어 있는 상품들을 떠올려보자. 그러면 무의식의 가치체계 어딘가에 그 제품을 소유한 사람들 집단에 소속되고 싶어 하는 소비자가 있음을 알 수 있다. 패션, 자동차, 담배, 전기제품 등 카테고리 여하를 떠나서 특정한 브랜드를 구입하는 소비자는 그 브랜드를 이미 소유하고 있는 그룹에 들어가고 싶은 욕구에 따라 움직이는 것이다.

볼보는 자신들의 고객이 자동차를 구매하는 고객들 중에서도 교육 수준이 가장 높다는 사실을 깨닫자 그 사실을 대대적으로 공표했다. 그리고 몇 년이 지난 후 같은 조사를 실시하자 그 수준은 더 높아져 있었다. 이는 비슷한 교육 수준의 사람들이 볼보 소유자 그룹에 들어가고 싶어 새로 볼보를 구입했기 때문이다.

어느 수강생으로부터 이런 질문이 있었다.

"소위 은둔자들은 어때요? 그들에게는 설마 소속에 대한 욕구가 없겠죠?"

나는 질문에 이렇게 대답했다.

"그들은 은둔자 그룹에 소속되고 싶어 합니다."

어느 집단에 소속된다는 것은 반드시 누군가와 같은 장소에 있거나 사회적이어야 한다는 의미가 아니다. 소속의 키워드는 '정체성'이다. 벤츠의 소유자는 같은 벤츠 소유자들의 일원이라는 정체성을 원하는 것이다.

몇 년 전까지만 해도 미국에서 롤스로이스를 갖는다는 것은 최고 지위의 상징이었다. 미국에서 롤스로이스를 소유한 사람들이 얼마나 존경을 받았는지는 상상을 초월할 정도였다. 자동차에 대한 의식이 그다지 높지 않은 미국 중서부 출신인 나는 롤스로이스가 서부 지역 사람들에게 갖는 의미를 깨달았을 때 다소 컬쳐 쇼크까지 받았다. 특정한 상품을 소유한 사람들 그룹에 소속되어 일체화되고자 하는 욕구는 기업이 알아두어야 할 중요한 인간의 심리다.

12. 수집 욕구

인간은 태어날 때부터 수집의 본능을 갖고 태어나는 듯하다. 모든 사람에게 이런 충동의 심리가 존재한다. 사람들은 대부분의 상품에 대해 이런 성향을 보인다.

광고를 통해 시계를 팔 때, 우리는 이미 시계를 주문한 적이 있는 고객에게 다이렉트 메일을 보내 다른 시계를 추천했다. 예상대로 반응은 좋았다. 시계를 판매하기 위한 최고의 고객 리스트는 기존의 시계 구매자들이다. 이미 시계를 갖고 있는데 또 무슨 시계가 필요하겠느냐고 생각될지도 모르지만 그건 잘못된 생각이다. 많은 사람들이 사실은 시계를 수집하고 있다. 시계, 선글라스, 청바지, 비디오와 CD 등 수집의 대상은 그야말로 다양하다.

홈쇼핑 채널 QVC의 시청자들 중에는 끝없이 인형을 모으는 사람들이 있었는데, 우리는 매번 놀라곤 했다. 그중에는 나이 많은 사람들도 있었는데, 그들은 QVC 상품의 열성적인 수집가들로서 수십 개의 인형을 갖고 있었다.

QVC에서는 소형의 모형 자동차도 판매했는데, 역시 인기 상품 중의 하나였다. 그리고 그에 뒤지지 않을 정도로 블루블로커 선글라스를 모으는 시청자들도 수천 명은 있을 것이다.

당신은 비슷한 상품들을 모으고 싶어 하는 정서적인 욕구를 지닌 사람들이 많다는 사실을 기억해야 한다. 이런 상품들은 그들에게 커다란 즐거움과 만족감을 준다.

모형 자동차가 아니라 진짜 자동차를 수집하는 사람들도 있다. 금

전적인 여유가 있는 미국인들 중에 수백 대의 자동차를 갖고 있는 경우도 적지 않다. 그들은 대체 어떤 정서적인 욕구를 갖고 있는 것일까? 인간의 이러한 수집 본능을 마케팅에 최대한 활용

많은 사람들이 수집 욕구로
상품을 구매한다는 사실을 기억하라

하는 방법 중 하나는 수납에 적당한 케이스를 처음 상품을 판매할 때 무료로 제공하는 것이다.

나는 예전에 프랭클린 민트 사가 판매하는 비행기의 모형 꼬리날개 시리즈를 구입한 적이 있다. 다양한 항공사의 로고가 그려져 있는 은색의 꼬리날개였다. 처음엔 그것을 수집하려는 마음보다도 프랭클린 사의 프로그램이 어떤지 확인하려는 생각에서였다.

그런데 처음 상품을 주문하자 모형 꼬리날개와 함께 아름다운 수납상자가 배달되어 왔다. 상자는 은색의 모형 날개를 보기 좋게 수납하게 되어 있었다. 그 후 나는 한 달에 하나씩 꼬리날개를 구입하여 수납상자의 빈 공간을 채워 넣기 시작했다. 새로운 꼬리날개로 상자가 채워질 때마다 나는 내 수집품이 점점 늘어간다는 사실이 자랑스럽게 생각되었다. 그리고 드디어 다 채워지자 손님들에게 내 수집품을 보여줄 수 있어 즐거웠다. 겨우 제정신이 들어 수집을 그만두었지만, 내가 모형 꼬리날개에 들인 돈은 이미 상당한 액수에 달했다. 원

래 마케팅 조사를 위한 목적으로 시작했는데 말이다. 굳이 수집가가 아니더라도 모든 인간에게는 기본적으로 물건을 수집하려는 심리가 숨어 있음을 확인할 수 있는 좋은 경험이었다.

13. 호기심

내가 마케팅을 성공시키는 주된 요인의 하나를 들라면 그건 바로 인간의 호기심 자극이다. 오프라인 매장이라면 고객이 상품을 직접 만지고 판단할 수 있지만, 인터넷이나 통신판매에서는 그럴 수가 없다. 물론 실제로도 상품이 우수하고 고객의 기대에 부응해야 하지만, 눈앞에서 직접 보여주지 못하는 상황에서 고객을 상품으로 끌어들이기 위해서는 호기심 자극 요소가 필요하다.

"이 상품은 실제로 질이 좋은 것일까?"

잠재고객들의 전형적인 의문이 바로 이것이다.

블루블로커 선글라스를 홈쇼핑으로 판매할 때, 우리는 TV 앞의 잠재고객들에게 '이래도 사지 않겠습니까?' 싶을 정도로 호기심을 자극했다. 우리는 길에서 마주친 일반 시민들에게 블루블로커를 실제로 써보게 하고 그 반응을 촬영했다. 반응이 특히 좋았던 장면을 골라 TV에 내보내면 시청자들은 이렇게 생각한다.

"저걸 쓰면 어떻게 보일까? 저 오렌지색 선글라스는 모두가 맘에 들어 하는 것 같긴 한데……."

선글라스를 쓰고 바라보는 풍경을 광고에서 보여주지는 않았다. 그렇게 하면 호기심이 사라지고 선글라스의 원래 기능을 정확하게 전달할 수도 없기 때문이다. 렌즈를 통해 바뀌는 색의 미세한 변화를 인간의 두뇌는 인식하지만 카메라는 담아내지 못한다.

우리는 오히려 어떻게 보이는지를 가르쳐주지 않음으로써 호기심을 자극했다. 어떻게 보이는지 알기 위해서는 블루블로커를 써볼 수밖에 없다. 그랬더니 시청자들이 실제로 선글라스를 구입했다. 광고를 통해 판매된 블루블로커 선글라스는 총 2천만 개에 달했다.

호기심은 서적에서도 효과적이다. 책을 읽으면 무엇을 알 수 있는지 암시해 잠재고객을 애타게 만들 수 있다. 실제로 고객이 책을 구입하는 가장 큰 동기는 호기심이며, 이는 책의 평판이나 신뢰보다 더 강력한 요소다.

홈쇼핑과 인터넷에서 잠재고객은 상품을 만져보거나 경험하는 일이 불가능하기 때문에 호기심이 최대의 동기부여 요인이 된다. 한편, 오프라인 매장은 그 자리에서 바로 상품을 확인할 수 있다는 것이 최대의 장점이다. 따라서 가령 택배로 물건을 받아보게 할 수 있다면 통신판매일지라도 호기심을 활용하여 오프라인 매장의 이점에 다가갈 수 있다.

나는 오직 호기심 요소에 의존하여 상품을 판매한 적도 있다. 상품의 사진을 전혀 게재하지 않고 포켓용 전자사전을 판매했다. 그렇게 자극한 호기심으로 포켓용 전자사전은 수천 개나 팔렸다. 물론 가격도 적절했고 상품도 훌륭했지만, 상품도 보여주지 않고 브랜드 이름도 내세우지 않으면서 설득력 있는 판매 메시지만을 통해 매출을 올릴 수 있었다.

상품을 마케팅할 때 호기심을 어떻게 이용하고 있는가? 특히 책을 파는 경우, 호기심은 절대적인 요소인 만큼 호기심을 주요 판매 도구로 이용해야 한다. 그리고 호기심을 돋워 수요를 환기시키기 위해 일부러 '스토리'를 드러내지 않으려는 상품도 많이 있다.

너무 많이 드러내거나 장황하게 설명하면 오히려 호기심을 희석시킬 우려가 있다. 잡지를 발행하는 스티브 드워맨은 내가 블루블로커 광고에서 호기심을 주된 판매도구로 활용해 성공했다는 이야기에 흥미를 가졌다. 그는 이렇게 말했다.

"같은 테크닉을 이용하여 TV에서 팔리지 않던 것을 팔 수도 있을까? 예를 들어 향수 같은 것을 말이야."

그리고 나서 그는 호기심을 동기부여 요소로 삼아 광고를 촬영했다. 광고에 등장하는 인물들이 모두 그 향수의 매력적인 향기에 대해 칭찬했지만, 시청자는 그 향수를 구매하지 않는 한 TV에서 향기를 맡을 수는 없는 노릇이었다. 광고는 충분히 호기심을 자극하는 것이었다. 물론 그 향수는 대히트를 기록했다.

상품에 대해 너무 많이 드러내거나 설명을 늘어놓아 호기심의 힘을 제대로 활용하지 못한 경우는 없는가? 호기심은 고객을 사로잡는 유력한 동기부여 요인의 하나다.

14. 절박감

이것은 당신도 이미 알고 있는 방법일지 모른다. 사람들이 당신의 상품을 신뢰하며 언제든지 구입할 것처럼 보일 때가 있다. 한편, 사람들은 경우에 따라 이렇게 말하기도 한다.

"좀더 생각해 보겠습니다."

이런 말을 들었다면 거의 판매는 이루어지지 않는다고 보아야 한다. 이유는 간단하다. 첫째, 시간이 지나면 당신이 만든 마케팅 메시지가 점점 잊혀질 거라는 점. 두 번째로 다행히도 잊지 않았더라도 처음에 읽을 때의 느낌은 사라졌다는 점이다. '눈에서 멀어지면 마음도 멀어지는' 것처럼 말이다.

그래서 그런 사람들의 '느림보 결정'을 피하기 위해 지금 당장 사야만 하는 이유와 동기를 제공할 필요가 있다. 실제로 여기에 성공하면 사람들은 당장 사지 않는 것에 대해 죄의식마저 느낀다. 하지만 어떻게 그렇게 만들 수 있을까?

먼저 해서는 안 되는 것부터 이야기하겠다. 잠재고객이 시간을 들여서 당신의 광고를 읽고 살 마음이 들었다고 치자. 바로 그 때, 광고의 마지막 부분에서 진실이 아닌 내용을 써서 지금까지의 정성을 허사로 만들면 안 된다. 가령 "며칠 내에 신청하지 않으면 품절됩니다"라는 등의 새빨간 거짓말은 오히려 잠재고객을 김새게 만드니 주의해야 한다. 마지막에 제시하는 내용은 한층 더 진실해야 하며, 그때까지 표현한 진실함을 유지할 수 있는 내용이어야 한다.

그렇다면 당장 사야 할 것만 같은 절박감은 어떻게 만들어내는 것일까? 내용 자체가 절박감이 넘칠 경우는 따로 신경 쓸 필요가 없다. 예를 들어, 앞에서도 말했지만 내가 낸 수정 광고에 "계산기의 가격이 잘못 나와 있으며 정가는 20달러 더 비싸지만, 새로운 가격으로 판매하기 전까지 며칠 동안은 예전 가격으로 계산기를 판매한다"는 것이 그런 경우에 해당한다. 의도한 것은 아니었지만, 이런 광고는 그 자체로도 충분히 긴박감을 느끼게 하는 것으로서 절박함을 제대로 표현했다고 볼 수 있다.

가령 '한정판'이라는 제안으로 절박감을 전할 수도 있을 것이다. "1,000부 한정 판매, 이것이 마지막 광고입니다"라고 하면 구매 설득력이 높아지고, 사람들도 더 빨리 행동하려고 마음먹는다. 물론 그 한정 판매는 사실이어야 할 것이다.

절박감을 자극하는 데 뛰어난 광고일지라도 치명적인 실수가 있다면 그 효과는 반감된다. 치명적인 실수란 구매자가 의사결정을 하는 데 필요한 중요한 정보를 빠뜨리는 경우다. 그러면 구매자에게는 "궁금한 것이 있는데 전화를 걸어 물어볼 정도의 여유는 없군"이라는 식의 핑계가 생긴다. 즉 아무리 절박감이 넘치는 광고도 중요한 정보를 빠뜨리면 아무 소용이 없다는 뜻이다.

절박감은 여러 가지로 나타낼 수 있다. "한정공급, 가격파괴 세일, 가격인상 예정, 물품부족, 기간 한정가, 한정판" 또는 "지금 구입하시면 내일부터 이런 혜택을 누리실 수 있습니다"는 어떤가? "3일 안에 구입하면 무료로 하나 더 드립니다"라는 식으로도 가능하다.

절박감을 이끌어내는 또 하나의 방법은 발송 방법에 의한 것이 있다. "(특정 날짜)까지 주문하면 퀵으로 발송합니다." 또는 "(특정 날짜)까지 주문하면 전국 발매에 앞서 특별 구입할 수 있습니다."

JS&A는 신상품 발매에 맞춰 '전국발매 특별 가격'이라는 표현을 자주 사용했다. 그다지 의미는 없지만 발매전의 특별 가격이니 아무래도 발매 후에는 가격이 오를 것이라는 뉘앙스를 전하는 효과가 있었다. 그런데 휴대폰이나 전자제품의 경우처럼 발매 후 가격이 내려가는 상품에 대해서는 이 표현을 사용하지 말아야 할 것이다.

아이디어를 생각해내는 능력만 있다면 절박감을 만들어내는 방법은 많이 있다. 그리고 절박감을 주는 표현은 광고 마지막에 넣어야 효과적이다. 덧붙여 말하면 광고에서 중요한 포인트가 있다면 바로 맨 처음과 마지막 부분이다. 그리고 절박감과 그밖의 중요한 컨셉을 일치시켜 표현해야 할 부분은 맨 마지막에서다.

15. 즉석 만족

소비자를 현장에서 즉시 만족시킨다는 개념은 그동안 오프라인 매장만의 전통적인 메리트로 여겨져 왔다. 매장에서 상품을 골라 손에 들고 충분히 상품을 음미할 수 있을 때 상품에 대한 만족을 느끼기 수월하고, 즉시 구매 결정을 내려 손에 들고 매장을 나갈 수 있기 때문이다. 하지만 온라인 마케팅이나 홈쇼핑 판매는 바로 그 점이 불가능하다.

따라서 이런 약점을 보충하기 위해서는 고객에게 총알같이 발송할 예정이니 며칠 안에 상품을 받아볼 수 있을 거라는 안도감을 주어야 한다. 요즘은 이런 '빠른 만족 제공'이라는 개념도 마케터들의 노력으로 웬만큼 결실을 맺게 되어, 오프라인 매장의 강점으로만 여겨졌던 즉석 만족 개념도 오프라인만의 전유물은 아니게 되었다.

요즘은 아침에 통신판매 업체에 전화나 인터넷으로 소프트웨어 하나를 주문하면 그날 오후에 소프트웨어를 사용할 수 있는 시대가 되었다. 매장에 가서 차를 세우고 코너를 찾아가 점원과 상담을 하는 귀찮은 절차를 떠올려보면 그야말로 훨씬 편리한 시대가 된 것이다.

특히 컴퓨터를 통신으로 판매하는 업계에서는 '델'이나 '게이트웨이2000'처럼 '하루배송'을 장점으로 내세우는 대기업들이 등장했다. 이렇듯 오프라인 매장이 가진 장점을 온라인 마케팅에서 살리고 싶다면 어떤 매장보다도 빨리 발송과 배달을 하고, 어느 소매점보다도 친절한 서비스를 제공할 수 있는 방법을 끊임없이 궁리해야 한다.

16. 희소가치와 독자성

희소가치와 독자성이란 어떤 상품을 구입하면 특별한 존재가 된다고 느끼게 하는 것이다. 즉 제한된 상품을 소유한다는 사실을 축복받은 몇 명 중의 한 사람이라는 증표로 제시하는 것이다.

이것은 인간의 감정적 측면에 호소하는 마케팅 기법이다. 사람들은 누구나 특별한 존재가 되고 싶어 한다. 소유한 사람이 거의 없는 상품, 즉 희소가치가 높은 상품을 소유한 사람이 되고 싶은 것은 대부분의 사람들이 갖고 있는 바람이다.

기업 중에는 생산량을 한정함으로써 소비자들에게 강력히 어필하는 곳도 있다. 지금은 수십억 달러의 대기업이 된 프랭클린 민트 사는 소위 '한정판 마케팅'을 기초로 설립된 회사다. 기념주화에서부터 접시나 컵, 미니카, 인형 등 모든 제품을 취급한다. 생산 수량을 제한한 수집품들은 그게 무엇이든 이 회사의 좋은 판매 아이템이 되었다.

한정판의 배후에는 가치의 제공이라는 전략이 숨어 있다. 사람들이 다양한 물품을 수집하는 가운데 어느 한 제품을 모으는 사람들이 많아지면 상품의 가치는 올라간다. 그리고 그 상품은 대형 시장의 주목을 받아 수집가가 더욱 늘어난다. 그러면 제품의 가치는 상승일로를 걷게 된다. 그런 수집품의 수량이 한정되어 있으면 가치는 더욱 높아질 것이다. 다락방에서 가치 있는 가보를 발견했다는 식의 이야기가 나올지도 모른다. 물론 이 경우에도 예외는 있다. 앞서 언급한 항공기 꼬리날개 수집이 그렇다.

희소상품의 매력은 수량이 한정되어 있어 앞으로 가치가 오를지도 모른다는 점이다. 나는 위스콘신 주의 미노쿠아에서 희소가치의 힘을 통감한 적이 있다. 강의를 막 끝낸 후의 일이었다. 나는 강의실 입구에 참가자를 위해 6대의 오락용 스노모빌을 비치해 두었다. 겨울 강의를 받는 수강생들이 휴식시간에 이용할 수 있도록 오락용으로 준비한 것이었다. 모두 스노모빌의 운전을 매우 즐거워하고 좋아했다. 그러던 어느 날, 마텔 일렉트로닉스의 사장 제프 크롤리스가 스노모빌을 타다가 팔에 골절상을 입었다. 그 사고 이후, 나는 스노모빌의 비치를 중단시켰다.

6대의 스노모빌은 사용하는 사람도 없이 방치되었다. 그리고 어느 날, 나는 호기심에 그 스노모빌을 구입했던 상점에 다시 가보았다. 물론 한 대도 살 필요는 없었지만, 새로운 모델은 어떤지 궁금했기 때문이다.

상점에 들어가서 나는 점원에게 물었다.

"폴, 올해 모델은 어때요?"

폴은 가게 안에 전시된 스노모빌 쪽으로 나를 안내하며 말했다.

"이게 유냉식油冷式 새 모델입니다. 최고 속도 160km 이상이고, 가격은 8천6백 달러입니다."

당시 스노모빌의 가격은 대부분 5천 달러 미만이었고, 최고 속도는 65km 정도였으므로, 이 새 모델은 정말 특별한 것이었다. 하지만 특별하든 아니든 나는 이미 6대나 갖고 있었고 더는 필요하지 않았다. 나는 폴에게 솔직히 말했다.

"시속 160km에 8천6백 달러짜리 스노모빌을 갖고 싶어 하는 사람도 있나요? 좀 어리석은 짓 같군."

폴은 싱긋 웃었다.

"올해 우리 주州에서 팔 수 있는 수량은 총 6대인데, 저희 가게에서 파는 수량은 2대입니다. 그 중 한 대는 이미 팔렸어요."

그 말을 듣자 나는 얼떨결에 이렇게 내뱉고 말았다.

"내가 이걸 사죠."

결국 이렇게 해서 나는 또 한 대의 스노모빌을 구입하게 되었다. 내가 이 파워풀한 새 모델의 몇 안 되는 소유자가 되고 싶었기 때문이다. 다른 곳에는 없는 그룹의 일원, 특별한 존재가 되고 싶었다. 사실 전혀 필요가 없었는데도 나는 스노모빌을 구입했고, 특별한 스노모빌을 구입했다는 사실 자체에 만족했다. 희소가치와 독자성의 힘을 큰 수업료로 가르쳐준 사건이었다.

17. 단순화

광고는 단순해야 한다. 상품의 포지셔닝은 단순해야 한다. 제안도 단순해야 한다. 즉 메시지를 명쾌하게 전달하면서도 프레젠테이션을 가능한 한 단순화시킬 필요가 있다.

물론 간단한 것을 복잡하게 만들 필요가 있을 때도 있다. 이에 대해서는 '상품 설명' 항목에서 다루었다. 하지만 그 규칙이 적용되는 것은 마케팅상의 문제에 대해서 뿐이다. 여기서는 간결함이라는 기본적인 심리 요소를 다루겠다.

광고가 단순하다는 것은 무얼 의미할까? 집중하는 것이다. 목표에만 집중해서 복잡한 설명이나 불필요한 말들을 삭제하는 것이다.

어린아이도 읽을 수 있는 간단한 카피를 쓰라는 말이 아니다. 카피는 교양이 높은 사람만이 아니라, 교육 수준이 그리 높지 않은 사람도 읽을 수 있어야 하며 내용은 명료해야 한다. 수준을 올리거나 낮춰서 쓰는 것은 좋은 방법이 아니다.

난해한 단어를 쓰는 것은 수준을 올려서 쓰는 경우다. 아무리 난해한 단어로 멋을 부려도 그런 말들에 익숙하지 않은 사람들은 당황스러울 뿐이다. 간단하고 알기 쉬운 단어로 쓰겠다고 명심하길 바란다. 단어란 곧 이야기며 감정에 호소하는 이미지다. 단어 하나하나가 상상도 못할 만큼 영향력을 발휘할 때도 있다. 간단한 단어야말로 가장 큰 영향력을 발휘한다. 누구나 이해할 수 있는 단어가 대부분의 사람들이 이해할 수 없는 단어보다 훨씬 큰 힘을 지닌다.

레이아웃도 단순화하자. 너무 눈에 띄는 현란한 색, 진기하지만 읽기 힘든 글자체, 복잡하게 그린 도표 등은 이해에 절대적으로 방해가 된다.

단순함은 강력한 도구

단순한 것이 얼마나 효과적인지를 말해 주는 사례를 들어보겠다. 위대한 강연가인 말레 라펠이 어느 날 내게 연락을 해왔다. 그는 스위스아미워치swissArmyWatch 사의 개발자와 절친한 사이였는데, 이 브랜드를 미국에서 한 번 팔아보지 않겠느냐고 나에게 제안했다. 나는 그러겠다고 했다. 그리고 상품들의 라인업을 보기 위해 그 기업의 임원과 만나기로 약속했다.

내가 본 것은 세 가지 모델과 각 모델의 세 가지 컬러 조합으로 이루어진 모두 아홉 가지의 시계들이었다. 모델은 남성용과 여성용, 아동용으로 세 가지였고 색상은 블랙과 레드, 카키였다. 나는 각각의 시계를 찬찬히 훑어보고 그 역사를 들으며 시계 자체에 대해 상당한 상식을 배웠다. 그런데 큰 문제가 발생했다.

"슈거맨 씨, 어떠십니까?"

나는 시계를 보고 잠시 생각한 후, 이렇게 말했다.

"컨셉 테스트를 위해 남성용 블랙을 〈월스트리트 저널〉에 광고해 보겠습니다."

시계 회사 간부는 당황한 기색을 보였다.

"왜 모든 모델을 다 광고하지 않으십니까? 아홉 가지를 게재하면 더 많은 사람들에게 접근이 가능할 텐데요. 남성용만이 아니라 여성용과 아동용도 판매할 수 있고 색상도 다양한데요."

나는 단순한 것이 최선이라고 말했다. 선택지가 너무 많으면 위험하다고 말했다. 하지만 내가 어떤 말을 해도 그는 도무지 납득하지 못했다.

"선택지가 늘어나면 당연히 매출도 늘어나는 것이 이치입니다. 슈거맨 씨."

누구의 생각이 옳은지 증명하기 위한 실험이 필요했다. 나는 "그러면 A와 B로 나누어 두 종류의 광고를 내보자"고 제안했다. 즉 〈월스트리트 저널〉에 같은 광고의 두 가지 버전 (A와 B)을 게재하여 같은 지역에 동시에 내보내는 것이다. 따라서 어떤 가정에서는 A를 보고 옆집은 B를 보게 될 것이다. 두 가지 광고를 테스트해 보면 어느 쪽이 더 효과적인지 판단할 수 있을 터였다.

나는 이 테스트를 제안하고 거의 동일한 카피와 그래픽을 삽입하여 두 가지 광고를 만들어 동시에 게재했다. 광고의 다른 점

광고
A

광고
B

A는 아홉 종류, B는 한 종류를 소개하고 있지만 카피는 동일하다

이라면 A에는 크기가 비교되도록 남성용과 아동용을 나란히 배치하고, B에는 남성용만을 실었다. 그리고 A에는 아홉 종류 모두를 설명하며 열거했고, B에는 한 종류만을 소개했다.

광고가 완성되었을 때에는 사실 선택지가 하나밖에 없는 B보다 A쪽이 더 멋있어 보였다. 하지만 양쪽이 다 게재되자 남성용 모델 하나만을 소개한 B가 아홉 개의 모델을 소개한 A보다 월등하게 반응이 좋았다. 그 차이는 무려 세 배나 되었다. A시계가 하나 팔릴 때, B시계는 세 개가 팔린 셈이다.

혼란을 느낄 정도로 선택지가 많으면 사람들은 당황스러워 쉽게 결정하지 못한다. 이는 모든 인간이 지닌 기본적인 속성이자 약점이기도 하다.

그렇다면 아홉 가지 모델은 언제 제시하는 게 가장 효과적일까? 카탈로그에 실으면 된다. 스위스아미워치에 관심이 있는 사람들을 대상으로 카탈로그에 아홉 가지 모델을 모두 실어 소개하는 것이다. 이때는 이미 구입한 적이 있는 고객 리스트가 가장 구매 가능성이 높은 리스트가 될 것이다. 이들은 잠재구매자로서 충분한 '자격'을 갖춘 사람들이다. 그때야말로 좀 더 당양한 선택지를 제시할 수 있는 절호의 기회다.

단순함의 힘을 증명하는 사례를 한 가지 더 들어보겠다. 어느 알약의 30분짜리 TV 광고를 만들 때의 일이다. 미라셀이라는 이름의 이 알약은 주름제거와 스킨케어에 효과가 있는 획기적인 상품이었다. 나도 몇 개월간 시험삼아 복용해 보았는데, 그 탁월한 효능을 실감했다. 이중맹검법(double blind test ; 약효의 정확한 판정을 위해 실험자와 피실험자 모두에게 약의 진위를 모르게 하는 실험법-옮긴이) 실험을 두 번 실시하고, 이미 그 효과도 입증된 상태였다. 하지만 큰 문제가 한 가지 있었다. 최대한의 약효를 얻기 위해서는 처음 3개월간은 하루에 2알씩, 그 후에는 하루 1알씩 복용해야만 했다.

이러한 복용법은 단순함이 최선이라는 원칙에 어긋나는 만큼, 소비자들의 혼란이 우려되었다. 연속성이 있는 상품은 처음에는 구입하기 쉽도록 제안하고, 나중에 가격을 올리는 방식으로 판매한다. 예를 들어, TV에서 선전하는 비디오 시리즈의 첫 편은 겨우 5달러 정도다. 간단한 제안이자 비싸지도 않다. 그래서 소비자들은 첫 편을 사지만, 나머지 시리즈를 모두 구입하기 위해서는 가령 1년간 매달 19달러를 지불해야 하는 식이다.

미라셀은 그 반대였다. 첫 3개월간은 4개월 이후보다 2배의 비용이 든다. 첫 3개월간은 하루 2알, 그 후에는 하루 1알을 권해야 하는 상황이었다. 그런데 이대로라면 소비자들은 분명히 혼란스러울 것이고, 설명도 단순하지가 않았다.

이 TV 광고를 성공시키기 위해서는 아이디어가 필요했다. 우리는 두 가지로 나누어 실험을 해보기로 했다. 아무튼 이 일에 벌써 수십만 달러를 들인 상태였으니 실험 비용을 조금 더 투자한들 큰 문제는 없을 것이었다. 먼저 설명 다음에(확인의 의미로) 이 복용법이 얼마나 효과적인지를 설명하는 안내 멘트를 첨부했다. 그리고 예상되는 모든 질문에 답변할 수 있도록 복잡한 설명에 거의 3분을 투자했다.

하지만 역시 이 설명은 너무 복잡하다는 생각이 들었다. 그래서 만일의 경우를 대비하여 또 하나의 설명 방식을 준비했다. 두 번째 설명은 다음과 같이 간단한 것이었다.

"미라셀은 한 상자에 25달러이며, 한 상자가 1개월 치입니다."

이것뿐이었다. 굉장히 간결하고 알기 쉬운 메시지다. 역시 테스트에서 좋은 반응을 얻은 쪽은 간단한 광고 쪽이었다. 몇 배나 반응이 더 좋았다.

단순함은 광고에서 빼놓을 수 없는 요소다. 이 두 사례는 우리가 오랫동안 다양한 미디어에서 경험한 사례의 지극히 일부에 지나지 않는다.

18. 인간적 어필

상품과 서비스를 항상 인간적인 관점에서 어필하는 것이 중요하다. 얼마나 몸에 편안한가? 어떤 느낌인가? 외관은 어떤가? 전달하는 방법은 여러 가지다. 카피나 그래픽으로 광고에 인간적인 요소를 가미하는 세련된 방법은 참으로 많이 있다. 왜 이 점이 중요할까?

물건을 구입한다는 것은 인간의 감정이 담긴 행위다. 구매자가 자신의 돈을 그냥 건네기만 하고 끝날 수는 없다. 구매란 고객에게 있어 하나의 감정적인 이벤트다.

'공감'을 노리자

여기서 잠시 물리 공부를 해보자. 소리굽쇠는 U자 모양으로 된 두드리면 진동하며 소리가 울리는 금속이다. 이것은 두드리면 진동음을 내는 물리실험 도구다. 주파수가 같은 이 소리굽쇠 두 개를 가지고 한 쪽을 울리면 접촉하지 않았는데도 다른 한 쪽의 소리굽쇠도 진동하기 시작한다. 이 실험을 한걸음 더 나아가 몇 개의 소리굽쇠를 한꺼번에 울리면 하나의 복합 주파수가 만들어진다. 그 복합 주파수와 동일한 주파수의 소리굽쇠를 가까이 가져가면 공명하면서 역시 진동하기 시작한다.

글 역시 독자가 문장과 완전히 공명할 수 있는 상태가 중요하다. 소비자들과 공감해야 하는 광고의 모든 요소들을 소리굽쇠의 주파수에 비유해 보면 판매 과정에서 생겨나는 역학관계의 귀중한 이미지가 떠오른다.

'첫 번째 진동은 헤드라인, 두 번째 진동은 사진, 다음은 캡션'하는 식으로 첫 문장을 지나 마지막 제안까지 광고 각각의 요소를 통해 진동이 고스란히 전해져야 한다. 이런 긍정적인 진동을 낳기 위해서는 먼저 카피를 읽고 싶게끔 써야 하고, 다음은 읽는 사람들과의 '파장'을 맞추어야 한다.

어떤 이야기로 인간적인 요소를 더할 수도 있다. 이야기는 대개 사람들의 관심을 지속시킨다. 상세한 것은 나중에 설명하겠다거나 일인칭 회화체로 카피를 쓸 수도 있다. 그러면 개인 대 개인의 커뮤니케이션 분위기가 조성된다. 가볍게 유머를 더하는 것도 인간관계를 강화할 수 있는 요소가 된다. 유머는 서민적인 뉘앙스를 만들어준다. 유머는 또한 기업과 마케터의 인간적인 면을 부각시켜준다.

작은 상품이라면 그것을 손에 들고 있는 사진을 이용하는 것도 하나의 방법이다. 들고 있으면 손의 크기와 비교도 되면서 인간적인 요소도 추가된다.

매력적인 모델을 기용하는 것도 좋을 것이다. 사람들은 모두 자신의 생김새와는 상관없이 미인이나 미남에 약하다. 사진 속의 멋진 사람들 속에 자신도 끼고 싶어 하는 심리가 누구에게나 존재한다. 한편, 고객들에게 반감을 얻을 것 같은 사진은 당연히 사용하지 않는 편이 낫다. 인물이 3류 영화에 나올듯한 수염을 기른 악당 같은 인상이라면 두말할 나위도 없다.

말하자면 부정적인 감정을 불러일으키지 않으면서 인간적인 요소를 가능한 한 풍부하게 가미하자는 것이다. 이런 노력이 결실을 맺으면 그 글만의 독자적인 '진동'을 울릴 수 있고, 이에 호응하는 사람은 글쓴이와 마치 아는 사이라도 되는 것처럼 느껴진다.

19. 죄책감 유도

어떤 자선단체로부터 작은 선물이 든 우편물을 받아 본 적이 있는가? 선물은 대개 포스트잇이나 화려한 기념우표 등, 별로 비싸지 않은 소품들이다. 또는 1달러짜리 지폐나 우표를 붙인 반송용 봉투가 동봉된 설문조사 용지가 들어 있을 수도 있다. 어느 경우든 이런 것들은 응답을 하지 않으면 약간 죄책감을 느끼게 만든다.

무언가를 받은 대신 기부를 하거나 설문에 응하는 등의 어떤 행동을 보여야 할 의무감 같은 것을 느끼게 된다. 이는 인간이 지닌 죄책감의 심리를 이용한 마케팅 사례들이다.

그렇다면 포스트잇이나 1달러짜리 지폐를 넣을 수 없는 지면 광고에서는 어떻게 이 테크닉을 이용할 수 있을까?

156

가령 내 광고를 읽은 사람들 대부분은 상품을 꼭 사겠다고 생각하거나 사지 않으면 왠지 미안한 생각이 든다고 말하곤 했다. 어떤 광고 내용이 그런 말을 하게 만드는 것일까? 나는 포스트잇이나 1달러 지폐를 선물하지 못하는 대신, 매력적인 정보와 읽는 재미를 선사하도록 글을 쓴다. 광고를 마치 흥미로운 칼럼 읽듯이 읽고 나면, 사람들은 뭔가 반응을 보여야 한다는 의무감에 빠지는 듯했다. 몇 개의 신문이나 잡지의 광고는 되풀이해서 보는 것만으로도 죄책감이 생기는 듯했다.

유사한 방식으로 우편물을 계속해서 보내는 것도 죄책감을 느끼게 할 수 있다. 몇 번이고 우편물을 보내면 받는 사람은 우편물만 계속 받으면서 응답하지 않았던 점을 미안하게 생각하기 시작한다. 스키 리조트 회원권을 판매할 때 나는 이 방식을 이용해 보았다. 고객이 될 만한 사람들의 리스트를 입수하여 경품이 동봉된 간단한 우편물을 매주 발송했다. 어떤 때는 버튼이 달린 볼펜을 보내고 또 어떤 때는 색다른 명함집을 보내기도 했다. 그러고서 얼마 지나자 죄책감에 쫓긴 반응들이 돌아오기 시작했다. 개중에는 좀 더 빨리 연락하지 못해서 미안하다고 사과를 하는 경우조차 있었다.

20. 구체화

설명이 구체적이면 신뢰도가 높아진다. 예를 들어 "전국의 치과의사들이 갭스냅 치약을 사용하고 있습니다"라고 설명했다고 치자. 이는 그저 전형적인 광고 문구로만 들리며, 상품을 팔기 위한 과장된 표현이라는 느낌부터 든다. 그리고 너무나 상투적인 표현이어서 사람들은 적당히 걸러 받아들일 것이다. 이런 문장을 쓰면 그밖에 무슨 이야기를 해도 신뢰가 떨어진다.

하지만 "치과의사의 92.6퍼센트가 갭스냅 치약을 사용하고 있습니다"라고 말하면 훨씬 신뢰감이 느껴진다. 사람들은 구체적으로 조사한 결과가 92.6퍼센트라고 생각하는 것이다. 물론 이는 사실에 근거한 수치여야 할 것이다.

상투적인 표현을 사용하여 과장처럼 느껴지거나 지나치게 선전 문구처럼 들린다면, 사람들은 그 이야기를 기껏해야 반 정도 받아들이는 게 고작일 것이다. 한편 사실을 좀 더 구체적으로 표현하면 신뢰는 큰 폭으로 상승한다.

나는 배트럼 갤러리즈라는 수집품을 취급하는 회사를 설립하여 광고를 만든 적이 있다. 광고 속에서 나는 광고비와 제품 원가를 정확히 기재하고, 그 제안이 우리에게는 큰 이득이 되지 않는다는 사실을 구체적인 숫자로 제시했다. 그러자 결과는 대성공이었다. 예상했던 수준 이상의 주문이 쇄도했다.

이 기법을 나는 TV 홈쇼핑 광고에서도 활용했다. 블루블로커 선글라스 광고에서 왜 청색광이 사람의 눈에 좋지 않은지 구체적으로 설명했다. 청색광은 다른 색들처럼 망막 위에 초점을 맞는 것이 아니라, 망막의 앞에서 초점을 맞는다. 따라서 청색광을 차단하면 망막 위에서 초점을 맞지 않는 광선이 차단되어 사물을 더 확실하고 또렷하게 볼 수 있다. 구체적이고 신뢰할 만한 설명이다. 단순히 "블루블로커 선글라스를 쓰면 사물이 더욱 선명하고 예리하게 보입니다"와는 하늘과 땅 차이다.

몸의 순환기능과 관련된 상품을 소개한다면 "수십km나 되는 혈관"이 아니라 "390km의 혈관"이라고 말해야 하며, 다리 뒤쪽에 대해 이야기한다면 "다리 뒤쪽에는 많은 말초신경이 모여 있다"가 아니라 "다리 뒤쪽에는 7만2천 개의 말초신경이 모여 있다"라고 표현해야 한다. 이는 상투적인 표현이나 막연한 표현과는 정반대로, "사실에 근거한 구체적인 정보"로 작용한다. 사실은 신뢰도를 높인다.

구체적인 설명의 또 한 가지 장점은 당신이 전문가처럼 보인다는 것이다. 상품에 대해 해박하고 지식도 풍부하다는 증거가 바로 구체성이다. 그런 면을 보면 누구나 더 신뢰가 느껴진다. 사람들은 일반적으로 광고에 대해 회의적이며 내용을 신뢰하지 않는 경향이 있다. 하지만 광고도 정확한 사실과 수치에 근거한 구체적인 정보를 제시하면 신뢰도는 크게 향상된다.

21. 친근감

홍콩의 쿨롱 지역은 홍콩 안에서도 유난히 이색적이고 자극적인 곳이다. 늘어서 있는 가게들과 복잡한 도로, 다양한 소리와 냄새가 만들어내는 독특한 분위기가 이국적인 느낌을 물씬 풍기게 하는 곳이다. 그곳은 마치 별세계처럼 느껴진다. 쿨롱에 가면 미국은 굉장히 먼 나라라는 생각이 든다.

쿨롱의 활력을 만끽하면서 거리 구경을 하고 있을 때였다. 저쪽에서 아는 사람이 걸어오고 있었다. 깜짝 놀랐다. 낯설고 약간은 불안한 곳에서 아는 얼굴을 만났다는 게 너무나도 기뻤다. 그는 내가 알고 지내던 납품업자였는데, 절친한 사이는 아니었지만 갑자기 친근감이 느껴졌다. 나는 그를 저녁식사에 초대해 잠시 시간을 같이 보냈다. 그 결과 평소보다 훨씬 많은 물건을 그에게서 구입하게 되었다. 조금 돈을 더 쓰긴 했지만, 낯선 곳에서 아는 사람을 만난다는 것은 뜻밖의 즐거운 일이었다.

글도 마찬가지다. 신문과 잡지를 읽다보면 몇 번이나 보았던 광고에 눈길이 머물게 되고, 익숙한 로고와 회사명에 친근함을 느끼게 된다. 익숙하지 않은 환경에서 친구를 만난 것 같은 느낌이 들기도 한다. 그 기업은 왠지 남이라고 느껴지지가 않는 것이다. 친근하게 느껴지면 그 회사의 제안에 주의를 기울이게 된다. 내가 홍콩에서 납품업자에게 느낀 친근감처럼 말이다.

광고를 지속적으로 게재하거나 익숙한 이름의 상품을 팔면 동일한 효과를 기대할 수 있다. 그래서 브랜드가 중요하며 익숙한 구매환경이 중요한 것이다.

홈쇼핑 채널 QVC에 처음 등장해서 우리는 블루블로커 선글라스를 불과 몇 분 만에 모두 팔아치웠다. 우리의 상품은 소비자들에게 이미 잘 알려져 있었던 것이다. 익숙한 구매환경에서 블루블로커를 소개할 때마다 그 익숙한 환경과 익숙한 브랜드가 서로 작용하여 순식간에 판매가 이루어졌다.

'익숙함'과 '친근감'을 나타내는 영어 familiar와 familiarity에는 family(가정, 가족)라는 말이 내포되어 있다. 사람들은 가정에 있을 때 가장 안정된 기분을 느낀다. 든든함과 안도감이 있어 심리적으로 무방비 상태가 되기도 한다. 굳이 가정이 아니더라도 익숙한 존재라면 뭐든지 마찬가지다. 사람들은 익숙한 브랜드에서 더 빨리 안도감을 느끼고, 그 상품이 좋은 상품이라고 더 쉽게 믿으며, 더 쉽게 구입을 결정한다.

마케팅에서 흔히 저지르는 큰 실수 중 하나는 오랫동안 계속했던 광고를 싫증이 난다는 이유만으로 중단하는 것이다. "유나이티드와 함께 편안한 여행을 즐기세요(유나이티드 항공)"나 "당신은 맥도날드에서 휴식할 자격이 있습니다(맥도날드)"는 문구는 사람들에게 익숙해진 광고 중 손가락으로 꼽을 만한 것들이다. 사람들은 이 광고의 노래 가사를 따라 부르기까지 했다. 하지만 지금까지의 관행을 보면 광고업계에서는 시청자와 소비자들보다 광고주가 먼저 광고를 지겨워했다.

마케팅에서 광고나 캠페인을 중단하는 결정은 자의적으로 이루어질 사안이 아니다. 오직 매출의 저하라는 사실에 따라 '그만두어야 할 시기'가 정해질 때까지 동일한 광고는 계속되어야 한다. 그야말로 주문이 완전히 말라버렸다면 더 반응이 좋은 광고나 캠페인으로 대체해야 할 것이다.

마케팅에서의 탁월한 광고 기법이란 동일한 광고를 끊임없이 수정하거나 미세하게 조정하여 매출이 유지되거나 향상되도록 만드는 것을 말한다. 싫증이 난다고 해서 익숙해진 카피와 캐치프레이즈를 다른 것으로 대체하는 것은 한마디로 하수들의 방식이다. 바꾸는 시점은 사람들이 더 이상 자신의 돈을 그 상품과 바꾸고 싶어 하지 않을 때밖에 없다.

구태의연한 광고주는 이렇게 이야기할지도 모른다.

"우리의 마케팅 슬로건을 표적집단에게 물어 본 결과, 슬슬 질리기 시작했더군. 바꿀 때가 되었나봐."

참으로 근거 없는 사고방식이다. 매출 이외에 광고의 효과를 검증하는 방법은 아무것도 없다. 표적집단은 당신이 기대하고 있을 거라고 짐작하는 내용을 이야기하는 데 그치며, 자신들이 어떻게 행동할 것인가를 이야기해 주지는 않는다. 광고나 캠페인은 오로지 상품이 팔리지 않고 사람들의 호응이 떨어졌을 때에만 변경해야 한다. 그리고 매출이 하락하는 이유는 아마도 동일한 카피 때문이 아니라, 다른 경쟁사의 출현이나 시장 환경의 변화 등 다른 요인에 의한 것일 가능성이 더 크다.

대부분의 사람들의 무의식에는 다른 단어들보다 더 익숙한 단어들이 있다. 예를 들어, 1에서 10까지의 숫자 중에서 가장 먼저 떠오르는 숫자를 말하라고 하면 7을 말하는 사람들이 압도적으로 많다. 그래서 〈인간관계를 돕는 7가지 방법〉이라든지, 〈성공하는 사람들의 7가지 습관〉이라는 식으로 책제목에 7이 많이 쓰이는 이유도 7이 가장 익숙한 숫자이기 때문이다. 즉 오래된 친구 같은 느낌으로 독자와 일체화될 수 있다.

사람들에게 지금 바로 머릿속에 떠오르는 색을 말해 보라고 하면, 거의 '빨강'이라고 대답할 것이다. 가구 중에서 가장 먼저 떠오르는 것은 '의자'다. 이처럼 사람들과 미묘한 일체감을 자아내는 친숙한 말들이 있는데, 그런 단어들을 사용하느냐의 여부는 기업과 마케터에게 달려 있다.

가령 '세일'이나 '무료' 등, 힘이 느껴지는 단어들이 있는가 하면, 그다지 효과를 보이지는 않는 단어도 있다. 또한 당신이 판매하는 제품과 밀접한 관계가 있고 제품의 열렬한 신봉자인 당신에게는 익숙하지만 소비자들의 귀에는 얼른 들어오지 않는 단어도 있다. 가끔 1,000단어의 광고에서 단 한 마디를 바꾸는 것만으로 반응이 두 배 이상으로 증가하기도 한다.

상품이나 서비스에 상쾌함을 느끼게 하는 '친근감'의 힘을 기억하라. 몇 번이나 등장하여 사람들의 마음에 남아 있는 브랜드명이나 로고, 특정한 상품 광고임을 바로 알게 해주는 익숙해진 레이아웃, 사람들이 공감할 수 있는 익숙한 관용구(상투어구가 아님)와 단어의 중요성을 인식하라. 친근함이 만들어내는 이런 요소들은 상품과 고객을 이어주는 강한 끈이 된다.

22. 희망

물건을 구입하는 과정에서 '희망'은 소비자에게 커다란 동기부여가 된다. 여성은 주름 제거에 효과가 있을 거라는 희망을 주는 새로운 크림을 구매한다. 골프 애호가들은 타수가 줄어들 것이라는 희망을 갖고 새로운 골프채를 구입한다. 특정한 상품과 서비스를 이용하면 미래에 이득을 얻을 수 있다는 가능성을 암시받는 것이다. 사실 미래의 이익이 확약되거나 보증될 수는 없다. 그것은 꿈이나 공상이며 아주 적은 가능성 이외에 아무것도 아니다.

컴퓨터나 자동차를 구입할 때는 현실적인 이득이나 보증을 제공받는다. 희망은 그러한 현실적인 이득이나 보증을 대신할 그 무엇이다. 특정한 상품이 주는 희망의 힘을 나의 경험을 빌어 이야기해 보겠다.

1996년, 나는 어떤 과학자를 소개받았다. 그는 인간의 각종 병을 치료하는 약을 개발하여 대성공을 거두고 있었다. 약에는 그가 '생물학적 복원머신'이라고 부르는 성분이 포함되어 있어 병의 원인에 작용하여 몸을 복원한다고 했다. 사람이 신체의 어떤 기관에 타격을 입으면 이 소형 '머신'이 기관을 복원하는 것이다. 새롭게 재생시키는 것도 포함해서 말이다.

약은 1일 2회 혀 위에 올려놓으면 체내로 흡수된다고 했다. 과학자와 이야기하는 동안, 만약 안 좋은 부분이 정말로 낫는다면 이 약의 사용자는 죽지 않을 것이라는 생각이 들었다. 과학자도 그 점에 동의했다.

"저도 이 약을 복용하고 있는데 솔직히 말해서 회춘하는 것 같소. 보시오, 백발이 검은 머리로 돌아오고 있다오."

약을 복용하면 300살까지 살 수 있다는 주장을 부정할 근거는 아무것도 없다고 그는 주장했다. 믿을 수 없는 이야기였다. 이것이 사실이라면 이 과학자는 그야말로 '불사의 샘'을 발견하는 것이다.

박사는 신뢰할 수 있을 만한 인물로 보였고 박사 학위도 몇 개나 가지고 있었다. 솔직히 말해서 내가 지금까지 만나본 사람 중에서 가장 머리가 좋은 사람이라는 생각이 들었다. 그는 세계 각지에 제조시설을 두고 있었다. 그에 대한 평판은 유럽과 아시아까지 퍼져 있었다. 게다가 그가 말하기를 아시아의 어떤 나라에서는 특정한 암에 걸린 사람들의 치료를 도왔다고 했다.

생물학적 복원머신의 발견은 암호화된 고대 유물에 숨겨져 있던 처방전을 해독한 것이며, 또 그가 '성스러운 기하학'이라 부르는 과정의 산물이었다. 그는 확실히 암호를 해독했고 풍부한 고대의 정보를 알아낸 것처럼 보였다. 2시간에 걸쳐 사진들을 보여주며 유물에서 얻은 정보를 설명해 주었다.

당시 나는 약간 건강상의 문제를 갖고 있었는데, 왠지 의사들은 그 원인이나 치료법을 알지 못했다. 내 피부 밑에는 작은 종양이 몇 개 있었다. 암은 아니었고 나 자신 외에는 거의 알아차리지 못할 정도의 종양이었다. 건강상의 위협은 거의 없었지만, 종양이 있다는 것은 사실이었고 이는 일반적인 현상은 아니었다.

의사가 할 수 있는 유일한 처방은 피부를 절개하여 종양을 제거하는 것이었다. 통원하면서 치료할 수 있는 비교적 간단한 조치였다. 그런데 나를 만난 그 과학자는 자신의 약을 복용하면 나의 문제가 완전히 해결될 거라고 말했다.

"몇 개월 안에 종양은 사라질 겁니다."

그는 종양이 사라질 기한을 확언했다. 그의 말은 예상이라든지 꿈이나 가능성이 아니었다. 그것은 "종양은 사라진다"는 확실한 보증이었다.

매우 감명을 받은 나는 그의 말에 상품을 시험해 보기로 했다. 750ml짜리 1병(와인 병 하나와 같은 사이즈)이 600달러였다. 상당한 가격이었지만 하루에 몇 방울만 마시면 되었으므로 오래 복용할 수 있었고 수술에 비하면 싼 편이었다.

그러나 몇 개월이 지나도 종양은 없어지지 않았다. 그는 좀 더 고농축 생물학적 복원머신을 복용하라고 조언했다. 그래서 2,000달러짜리 고농도 복원머신을 구입했지만, 그 후 2개월이 지나도 차도가 보이지 않았다. 그러자 이번에는 반드시 효과가 있다며 2만 달러짜리가 있다고 말했다. 설마 하고 생각할지 모르지만 나는 그 유혹에 거의 넘어갈 뻔했다. 결국에는 사지 않았지만 말이다.

사실 그는 정직한 사람이긴 했다. 그 과학자의 명예를 위해 덧붙이자면, 신뢰할 만한 미국의 한 제약회사가 현재 그의 약을 이용하여 쥐에게 임상실험을 하고 있으며 좋은 결과도 내고 있다. 지금은 인간을 대상으로 연구가 진행되고 있다. 그는 정말로 뛰어난 의학 컨셉을 새롭게 탄생시킨 것인지도 모른다. 입증만 된다면 말이다.

이 경험으로부터 우리는 무엇을 배워야 할까? 과학자는 자신이 개발한 약으로 회춘했다고만 말하는 편이 좋았을 것이다. 나는 그를 신뢰했다. 그러므로 알지도 못하는 물질을 복용한 것이다. 300살까지 산다면? 정말 회춘한다면? 내 평가가 옳을 거라는 희망을 갖고 나는 기쁘게 이 약을 복용하고 계속 구입했던 것이다.

하지만 그는 결정적인 실수를 저질렀다. 예상되는 구체적인 성과를 그가 확언했던 것이다. 그렇지만 않았다면 나는 실망하는 일 없이 언젠가는 효과를 발휘해 종양이 사라질 거라고 믿으면서 계속 약을 복용했을 것이다. 희망을 품고 계속 구매했을 것이다. 하지만 효과를 보증 받았는데 그 기한에 결과가 나타나지 않으니 나의 희망은 꺾이기 시작했다. 뛰어난 상품일 수도 있었지만, 그 과학자에 대한 신뢰가 무너진 것이다. 희망이라는 심리 도구를 제시할 경우에는 측정치나 구체적인 확언을 해서는 안 된다. 과학자는 엄밀한 성과를 약속하는 대신, 상품의 목적 정도만을 암시하는 게 현명했다.

사람들이 희망에 근거하여 구매하는 상품은 많이 있다. 비타민제도 그중 하나다. 비타민을 복용하면 누가 봐도 사람이 달라 보일 정도로 건강해진다고 말할 수 있을까? 사람에 따라 다를 것이다. 몇 명을 인터뷰해 보면 그 중 한 명 정도는 당연히 비타민은 효과적이라고 단언할 것이다. 이를 TV에 내보내면 소비자들에게 좋은 인상을 준다. 효과가 있다는 말을 들은 잠재고객들은 비타민제를 복용하면서 결과가 나타나기를 기다리며 정기적으로 구입할 것이다.

중요한 것은 구체적인 약속보다 사람들의 증언을 통해 결과를 암시하는 쪽이 바람직하다. 희망을 동기부여로 판매되고 있는 상품들은 많이 있다. 비타민제, 영양제, 두뇌력 촉진제까지 건강식품 전반이 좋은 사례에 해당한다. 골프의 스코어 향상, 새로운 만남의 발견, 피부의 노화방지, 데이트 상대에의 어필 등, 모두 희망이라는 심리적 요소로 어필하는 것들이다.

희망을 동기부여로 광고를 만들 때 중요한 점은 신뢰다. 신뢰할 수 있는 회사의 신뢰할 만한 인물이라는 평가를 받으면 그 카피와 광고는 고객의 신뢰를 얻게 된다. 신뢰를 얻으면 상품을 이미 사용해 본 기존 고객의 긍정적인 평가를 보고 잠재고객들은 희망에 이끌려 구매하게 된다. 가령, 인간관계를 다룬 어떤 책이 사람들의 인생을 크게 바꾸었다거나, 어떤 약이 놀라운 효과가 있었다는 평가 말이다. 충분한 신뢰를 얻으면 희망의 파워 역시 충분히 발휘된다.

사람들이 물건을 구매하는 이유를 이해하는 데 이번 내용은 매우 중요하다. 22가지 심리적 방아쇠들 중에는 지금까지는 의식하지 못했던 것들이 있을 것이다. 하지만 하나하나의 핵심을 아는 것이 잘 팔리는 문장을 쓰기 위한 매우 큰 밑거름이 된다.

3 예방책과 해결책의 비밀

왜 많은 상품이 시장에 나와서 실패를 맛보는가? 그 원인은 인간의 본질이라는 측면에서 기인하는데 이것을 이해하면 고객을 늘리는 마케팅의 열쇠를 쥐는 것뿐 아니라, 일부 상품들이 팔리지 않는 이유도 알 수 있다.

어떤 상품의 마케팅을 성공시키는 열쇠는 상품의 본질과 그 상품에 대한 시장의 시각을 이해하는 데 달려 있다. 기본은 명쾌하다. 언제나 예방책을 팔지 말고 해결책을 팔라는 것이다.

이것을 자세히 설명해 보자. 내가 '마법의 알약'을 당신에게 팔려고 한다고 치자. 이 알약은 인삼 엑기스와 여러 약재를 함유한 것으로서 각종 질병의 예방 효과가 있는 알약이다. 하지만 아마도 판매는 어려울 것이다. 여기서 만약 당신이 갑자기 암 진단을 받았다고 하자. 이 때 내가 암을 확실하게 치료하는 마법의 알약이 있다고 소개한다면 당신은 돈이 얼마가 들더라도 아까워하지 않고 약을 구입할 것이다. 전자의 경우 암 예방에 쓸 수 있는 돈은 1,000달러도 안 될 것이다. 하지만 후자의 경우 암이 완치된다면 10만 달러도 아까워하지 않을 것이다.

예방책에 해결책의 매력을 갖게 만든다

또 다른 예를 들어보자. 당신이 방문판매 영업사원이라고 가정하자. 당신은 전국 각지로 출장을 다니며 영업을 하는 사람이다. 그런 당신에게 어떤 사람이 무좀예방 스프레이를 팔려고 한다. 하루 종일 구두를 신고 걸어다니면 무좀에 걸릴 우려가 있다. 하지만 저녁에 이 스프레이를 발에 뿌리고 자면 무좀 걱정은 안 해도 된다고 이야기한다. 하지만 당신은 이 제안을 무시한다. 무좀은 쉽게 걸리지 않는데다 예방약의 사용도 귀찮기 때문이다. 그런데 어느 날, 당신이 무좀에 걸리자 당신은 약국을 찾아가 가장 효과적인 무좀 치료제를 구입한다.

위의 두 가지 상황이 그대로 두 가지 일반 원칙에 해당된다.

상황 1: 예방책을 썼다면 예방할 수 있음에도 불구하고 사람들은 자신이 병에 걸리거나 재난을 겪는 일은 없을 거라며 외면한다. 따라서 사람들에게 예방책을 판매하는 일은 어렵다.

상황 2: 실제로 병에 걸리거나 재난을 당하면 사람들은 치료와 회복을 위해 예방 때와는 비교도 안 될 정도로 많은 돈을 쓴다. 따라서 해결책을 판매하기는 훨씬 쉽다.

　의료와 건강관련 사례를 이야기했는데, 이 논리는 다른 상품이나 컨셉에도 동일하게 적용된다. 먼저 마케팅을 하면서 이 예방과 해결의 논리에 구애되지 않기 위한 방법은 무엇인지 검토해 보기로 하자. 그리고 예방책에 해결책과 동일한 매력을 담을 수 있는지 살펴보자. 결론부터 말하면 그것은 가능하다. 다만 예방책이 해결책이 되기 위해서는 해결책으로서의 포지셔닝이 필요하다. 예를 들어보자.

　마이덱스라는 도난경보기를 JS&A가 판매하기 시작했을 당시에는 확실히 예방 차원의 상품이었다. 하지만 누구나 자기 집 주변에 도둑이 든 이야기를 한두 번은 듣는다. 그렇게 도난을 당한 사람들의 이야기를 직접 듣고 나면 마이덱스는 예방책이 아니라 해결책이 된다.

　즉 처음에 사람들은 '우리 집 주변은 안전하니까 괜찮아'라고 생각한다. 하지만 근처에서 도난을 당했다는 이야기를 들으면 해결책이 필요해진다.

　"마이덱스라는 걸 하나 설치해 두는 게 좋을 것 같군. 어쩌면 다음

여보세요~~? 저희집에도 경보기 하나 설치해 줘요, 빨리요…….

사람들은 해결책이 필요하다고 느끼면 구매를 서두른다

차례는 우리 집일지도 모르니까."

　개중에는 이미 도난을 당한 잠재고객도 있다. 범죄 통계 등을 제시하며 고객에게 겁을 주는 방식은 쓰지 말아야 한다. 대신 마이텍스의 품질이나 가치, 설치가 용이하다는 점 등, 전문성을 내세워 고객에게 다가가야 한다.

　한편 위기감은 없지만 안전을 걱정하는 사람들, 즉 자신의 주변에 도둑이 들지는 않았지만 그럴 위험이 있을 수 있다고 생각하는 사람들은 마케팅의 구세주가 된다. 광고를 접한 몇 개월 후에라도 필요를 느끼면 기억하고 전화를 걸어오는 사람들은 바로 그런 사람들이다.

　20년 전이라면 '클럽'이라는 자동차의 핸들잠금 장치를 판매하는 것이 어려운 일이었다. 당시는 자동차 도난이 지금처럼 사회문제가 될 정도는 아니었다. 하지만 세상이 험해져 범죄가 증가하고 미국에서만 한 시간에 몇 천대의 자동차가 도난당하는 요즘은 자신의 자동차도 도난당하는 것이 아닌가 하는 위기감 때문에 클럽이라는 상품은 이제 예방책이 아니라 해결책이 되었다.

해결책을 제공하는 다양한 상품

　미라셀이라는 주름제거제 역시 해결책이다. 얼굴이나 피부에 주름이 있는 사람이라면 주름제거 크림이나 주름제거 치료의 유망한 잠재고객이다. 주름제거제는 예방책이 아니라 해결책이다. 피부에 윤기를 주는 크림이나 자외선차단제 등 예방 상품은 치료(해결책)보다 훨씬 싸지만, 효과가 뛰어난 주름제거제는 소량이라도 가격이 꽤 비

172

싸다. 미라셀은 1개월 치가 150달러다.

보험은 예방책의 하나다. "당신에게 무슨 일이 생겼을 때 가족이 안심할 수 있도록"이라는 말을 들어도, 사실 자신이 언제 죽을지는 도무지 알 수 없는 일이다. 하지만 나이를 먹을수록 그런 생각을 해보게 된다. 보험영업을 하는 하워드를 기억하는가? 내게 보험 가입을 계속 권유했고 우리 옆 집 사람의 죽음을 계기로 가입에 성공했다. 나는 계약서에 사인을 할 때까지 기다릴 수 없을 정도였다.

마케팅을 하는 입장에서는 상품을 먼저 판단해야 한다. 이 상품은 예방책인가, 아니면 해결책인가? 예방책일지라도 해결책이 될 수 있는가? 이 상품에 대한 시장의 시각은 예방책에서 해결책으로 변화하고 있는가? 아니면 결국 좁은 시장밖에 없는 예방책 상품에 그칠 것인가?

시장 규모가 큰 해결책 상품이라면 강력한 상품이 될 수 있다. 그리고 예방책 상품이라면 어떻게 해결책으로 바꿀 수 있을지 모색해야 할 것이다. 지금부터 그 방법을 알아보자.

믿으면 갖고 싶어진다

우리가 몇 년간 계속 판매하고 있는 '더 필'이라는 제품은 자동차의 연료조절제다. 가솔린 탱크에 넣는 것만으로 예방과 해결 양쪽의 역할을 한다.

먼저 예방 기능으로는 엔진을 청소하고 연료분사 장치에 쌓인 불순물이 일으키는 문제를 예방한다. 대기오염도 줄이고 배기가스 검사도 통과하기 쉬워진다. 또한 자동차수리 공장에 갈 필요도 없어진다. 이런 기능들은 예방 기능이다.

하지만 소비자에게 '더 필'을 소개할 때는 예방적 측면은 가급적 드러내지 않고 해결 수단으로서의 측면을 강조해야 한다. 가령, "엔진 소음을 없애고 연비를 최대 10퍼센트까지 늘릴 수 있다"는 식으로 말이다. 다음과 같은 문구도 해결책으로서의 설득력이 있을 것이다. "배기가스 검사를 통과하지 못하셨다면 '더 필'을 쓰세요. 다음 검사에는 반드시 합격합니다."

중요한 것은 상품의 치유적인 측면을 강조하고 예방적인 특징은 드러나지 않게 설명하는 것이다. 실제로 '더 필'은 획기적인 상품이었다. 우리는 '더 필'의 효과를 보증할 수 있다고 말했다. 정말 획기적인 상품을 판매하기가 마케팅 세계에서는 굉장히 어려운 일이다. 왜냐하면 그 정도로 효과가 있다는 사실을 소비자들이 믿어주지 않기 때문이다.

사람들이 구매 행위를 하는 가장 강력한 동기부여의 하나가 바로 믿음이다. 사람들은 믿으면 그 물건을 갖기 위해 할 수 있는 일을 다한다. 하지만 믿지 못하면 그들을 1cm도 움직이게 할 수가 없다.

우리는 예방책이 아니라 해결책을 팔아야 한다는 점, 예방책은 해결책보다 팔기가 훨씬 어렵다는 점, 상품에 따라서는 예방책에서 해결책으로 바뀔 수도 있다는 점을 기억해야 한다. 또 예방책보다 해결책이 훨씬 마케팅이 수월하다는 사실을 알았다. 예방책도 되고 해결책도 되는 상품의 경우, 예방적인 측면을 내세우지 않고 치유적인 측면 즉 해결책을 강조하는 것이 성공의 비결이라는 이야기도 했다. 그렇다면 앞으로 참고가 되도록 이를 짧게 표현해 보자.

예방책을 팔지 말고 해결책을 팔아라

여기서 배운 내용은 당신이 취급할 상품 평가에 크게 도움이 될 것이다. 마케팅에 예방책과 해결책 원리가 존재한다는 사실을 아는 것만으로도 마케팅할 상품을 선택하고 결정하는 데 매우 유용할 것이다.

4 이야기의 비밀

사람들은 모두 이야기를 좋아한다. 사람들과의 연대감을 느끼기 위해서는 뭔가 이야기를 들려주는 게 효과적이다. 글에서 이야기는 심정적인 관계를 쌓는 데 중요한 요소이며, 읽는 이를 빠져들게 만들고, 계속 읽게 하는 힘을 준다. 이야기는 사람들의 관심을 불러일으키는 데 수월한 도구가 된다. 어린 시절 부모님이 읽어주신 이야기들은 우리의 상상력을 풍부하게 만들었다. 세상을 보는 관점을 좌우하는 경우도 있다. 즉 우리들은 어렸을 때부터 다양한 이야기를 들으며 살아왔다.

강사가 강의를 하면서 다양한 이야기를 들려주면 강의는 훨씬 재미가 더해지고 수강생들의 관심도 지속된다. 지루한 연설을 졸면서

듣다가 이야기가 시작되면 잠이 깬 경험이 누구나 한 번 쯤은 있을 것이다.

유능한 사람은 다양한 이야기 레퍼토리를 갖고 있다

대부분의 '이야기'에는 교훈이나 체험이 담겨있고 놀랄 만한 마무리도 갖추어져 있다. 글도 마찬가지다. 잠재고객을 미끄럼틀로 끌어들이는 이야기를 풀어놓을 수 있다면 상품과 서비스 판매는 한결 수월해진다. 고객과 긴밀해질 수 있는 인간적인 요소도 포함되어 있다면 금상첨화다.

QVC를 대표하는 마케터 캐시 레빈Kathy Levine은 자신의 저서 『웃는 편이 낫다It's better to Laugh』에서 이렇게 쓰고 있다.

"물건을 판다는 것은 사람들의 관심을 끌고 훌륭한 이야기로 사람들의 주의를 지속시키는 행동이다."

우수한 사람들은 모두 훌륭한 이야깃거리를 갖고 있다. 이는 고객과의 유대감이며 고객을 즐겁게 하는 기술이다. 천 개가 넘는 레퍼토리를 갖고 있는 사람도 있다. 그가 가진 이야기 하나

이야기는 인간적인 유대를 강화시키는 강력한 도구다

하나는 구매환경을 조성하고 상품과 서비스의 이해를 돕는 것들이다. 그는 정말로 유능한 사람이다.

광고에 의한 판매는 기본적으로는 사람을 직접 만나서 물건을 파는 것과 동일하다. 만약 이야기가 고객과 얼굴을 마주보고 물건을 파는 데 효과적인 테크닉이라면, 이를 이용하여 효과적인 카피 쓰기도 가능할 것이다.

줄거리가 있는 이야기가 바탕에 깔려 있는 광고는 대부분 성공 확률이 높다. 블루블로커(선글라스), 본 폰(휴대용 라디오), 매직 스탯(자동온도조절기) 등이 그 예다. 몇 가지 사례로 이 테크닉을 자세히 알아보기로 하자.

다음은 블루블로커 광고인데, 사람들의 관심을 끌어 모든 문장을 읽게 하기 위해 이야기가 어떻게 활용되고 있는지 살펴보자.

헤드라인 선글라스 혁명

서브 헤드라인 이 선글라스를 끼면 눈에 보이는 풍경이 믿기지 않을 정도로 달라집니다.

본문 카피 지금부터의 이야기는 모두 사실이지만, 도무지 믿기지 않을 만큼 신기합니다. 설명해 드리겠습니다.

내 친구 렌은 좋은 상품들을 많이 알고 있습니다. 어느 날, 그가 전화를 걸어와 자신이 구입한 선글라스에 대해 흥분하면서 이야기했습니다.

"정말 대단해. 이거 한 번 써봐. 네 눈을 의심하게 될 걸?"

"뭐가 보이길래, 그래?"라고 제가 물었죠.

렌이 대답했습니다.

178

"이걸 쓰면 정말 잘 보여. 모든 사물이 분명하고 또렷하게 보여. 3D 효과보다 더 좋아. 과장된 상상이 아니라 정말 그래. 네 눈으로 직접 확인해 봐."

그러자 내가 직접 선글라스를 써보면서 렌에게 자세한 이야기를 듣는 상황으로 이어진다. 카피는 대화체로서 선글라스의 특징, 직사광선의 해로움, 청색광의 위험성 등에 대해 언급한다. '이야기'가 효과적으로 전개되고 있기 때문에 독자들은 흥미를 갖고 카피를 끝까지 읽으면서 결국 중요한 판매 문구까지 읽게 된다. 이 광고는 대성공을 거두었으며 하나에 59달러짜리 선글라스가 10만 개나 팔려 총 매출액이 6백만 달러에 달했다. 그 후 우리는 이 상품을 홈쇼핑을 통해 처음에는 39달러 95센트에 팔았고, 그 후에는 49달러 95센트에 판매하여 약 2천만 개 가까이 팔았다.

다음은 6백만 달러짜리 집 광고다. 여기에도 '이야기를 한다'는 컨셉이 광고 전체에 스며 있다.

헤드라인 **통신판매 저택**
서브 헤드라인 수영장, 테니스코트, 멋진 전망이 겨우 6백만 달러
본문 카피 사지 않아도 이야기는 재미있습니다.
이야기는 어떤 초대장에서 시작되었습니다. 저는 미국에서 손꼽히는 부동산 중개인으로부터 캘리포니아의 말리브에 있는 그의 저택에서 열리는 파티에 초대를 받았습니다. 이유는 알 수 없었죠. "일단 와보세요"라는 말 뿐이었습니다.

시카고의 오헤어 공항에서 제트기가 저를 기다리고 있었고, 로스앤 젤레스에서는 리무진이 대기하고 있었습니다. 그렇게 저는 말리브까 지 갔습니다.

도착했을 때 파티는 이미 시작되어 있었습니다. 롤스로이스가 늘어 서 있었고 저택 안에서는 음악과 웃음소리가 들려왔죠. 무언가 특별 한 일이 일어난 것이 틀림없었습니다.

이야기는 광고의 거의 마지막까지 이어진다. 광고의 목적은 집을 파는 것뿐 아니라, 그 저택의 아름다운 인테리어와 건축 기술, 실내 공간 활용법 등을 소개하는 비디오테이프를 판매하는 것이었다. 광 고에서 나는 이야기를 계속 이끌어가다가 맨 마지막에 구매 제안을 정리했다. 이야기라는 매력적인 자동차를 태우고 사람들에게 광고의 마지막까지 드라이브를 시켜주는 것이다.

흥미로운 이야기가 이어지면 사람들은 무심결에 이야기의 결말을 궁금해하면서 계속 읽게 된다. 대개 효과적인 이야기는 1인칭으로 서 술해야 하며, 개인적이라는 인상을 주어야 어필이 더 수월하다.

프랭크 슐츠는 나의 강의가 끝난 후 멋진 광고를 하나 썼는데, 마 치 옛날이야기처럼 시작된다. 그리고 그 광고는 모양이 조금씩 바뀌 었지만 내용은 거의 변함없이 슐츠가 강의에 참석한 해로부터 18년 동안이나 사용되었다. 세월의 시험에서 승리한 광고였다. 광고는 다 음과 같다.

헤드라인 자연의 장난

180

서브 헤드라인 아주 새로운 자몽의 발견입니다. 자몽에 대한 생각이 바뀔지도 모릅니다.

본문 카피 저는 농업에 종사하고 있습니다. 믿기 어려울지 모르지만 지금부터의 이야기는 모두 진실입니다.

모든 시작은 우리 집안의 주치의인 웹 박사가 소유한 과수원에서 시작되었습니다. 그곳에서 자몽을 따던 사람 중의 한 명이 아무도 본 적이 없는 기묘한 자몽을 여섯 개 들고 웹 박사의 집으로 온 것입니다. 평범한 자몽 나무의 가지 하나에서 이 기묘한 자몽 여섯 개가 열려 있었다고 합니다.

그리고 이 발견이 의미하는 바에 대해 다섯 문단에 걸쳐 이야기가 이어진다. 물론 그 후에도 자몽에 관한 자세한 설명이 나온다. 다섯 번째 문단을 다 읽을 즈음, 독자는 이미 빠져나올 수 없는 상태가 된다. 신비해 보이는 이 상품에 대한 관심 때문에 남은 카피도 마저 읽을 수밖에 없게 되는 것이다.

요컨대 상품을 둘러싼 흥미로운 이야기를 활용하면 좀 더 강렬하게 관심을 끌 수 있으며, 미끄럼틀 효과와 구매환경을 실현시킬 수 있다.

원칙 10

이야기를 활용하라

Part III

잊지 못할 사례들

지금까지 우리는 상품과 기업을 살리는 글쓰기의 원칙과 이론을 배웠다. 나의 개인적인 체험을 통해서 카피라이팅의 진수를 들여다볼 기회도 있었다. 이제부터는 실제 사례를 보면서 이런 원칙들이 어떻게 활용되는지 알아보기로 하자. 새롭게 배운 기술의 완성에 필요한 최종적인 점검 단계다.

강의에서 나는 이론의 증거로서 다양한 광고를 사례로 제시했다. 처음에는 우리가 만든 광고와 경쟁사의 광고를 번갈아 인용해 가며 강의했다. 하지만 강의가 거듭될수록 강의에서 배운 노하우로 성공하는 수강생들이 늘어나 그들이 만든 광고 카피를 인용하기로 했다.

그리고 인터넷 광고를 비롯하여 신문 광고, TV 광고들의 좋은 사례와 안 좋은 사례를 살펴보았다. 강의를 수료했을 때 수강생들은 내가 보여주는 마케팅 카피의 어디가 문제인지 이야기하는 것 뿐 아니라, 스스로 뛰어난 카피를 쓰고 나아가 다른 수강생들의 문장에 대해 충고까지 할 수 있을 정도가 되었다.

강의 중에 나는 실제 마케팅 카피를 슬라이드로 보여줬다. 명작이라 불리는 것은 복사를 해서 나누어주었다. 여기에서는 그런 마케팅 카피들을 소개하고 있는데, 모두 지금까지의 학습 내용을 실증함과 동시에 기술과 노하우를 더 생생하게 알려줄 것이다.

다음의 사례들은 마케팅을 이해하는 데도 큰 도움이 될 것이다. 이미 느꼈겠지만, 이 책의 문장 원칙은 어떤 형식의 글쓰기에도 적용이 가능하다. 그러면 이제부터 Part I과 Part II에서 배운 내용을 실제 마케팅 문장을 바탕으로 다시 확인해 보기로 하자.

1 게으른 사람이 부자가 되는 법

조 카보의 『게으른 사람이 부자가 되는 법』의 광고는 통신판매의 신화가 되었다. 훗날 명작으로 인정받는 마케팅 카피를 통해 그는 300만 권의 책을 팔았다.

조 카보는 전 생애에 걸쳐 몇 개의 문장밖에 쓰지 않았다. 수 백 개의 마케팅 카피를 쓰는 사람이 있는가 하면, 조 카보 같은 사람도 있다. 이 광고를 그는 단숨에 써내려갔고 편집도 거의 거치지 않았다고 한다. 나중에 내 강의에 참석하여 그는 이렇게 말했다.

"자리에 앉아 몇 분 만에 쓰고 검토하고 몇 군데를 수정했어요. 그것뿐입니다."

조의 문장은 거의 모든 신문과 잡지에서 칭찬을 아끼지 않았다. 훗

The Lazy Man's Way to Riches

'Most People Are Too Busy Earning a Living to Make Any Money'

이 주문용 광고로 카보의 책은 3백만 권이 팔려나갔다

날 새로운 통신판매 기법에 맞춰 수정이 이루어졌지만, 기본적으로 그 골격은 처음의 것과 동일했다. 그리고 지금 명작으로 기억되고 있다.

우선 조의 약력을 알아보자. 조 카보는 1945년에 제2차 세계대전이 끝나고 군에서 제대하여 스무 살에 일을 시작한다. 그에게는 이미 처자식도 있었는데 돈이 없었다. 학력은 고등학교를 졸업한 게 전부였다. 카보는 메모지 사업에서 약간의 성공을 거둔 후, 연극 세계에 입문한다. 그 후 광고업계와 라디오를 거쳐 케이블 TV 홈쇼핑 판매에 나서게 된다. 당시 카보는 자신의 아내와 함께 TV에 나와 판매 마케팅을 벌였다. 스폰서를 구하기 어려워 다이렉트메일 사업을 시작하고 TV 홈쇼핑에서 다양한 상품을 판매했다. 그리고 마침내 그는 마케팅의 노하우를 터득하여 크게 성공한다.

1973년, 카보는 『게으른 사람이 부자가 되는 법』이라는 책에 자신만의 철학을 담아 발표한다. 그 속에서 성공을 위한 신념과 원칙, 돈

186

버는 마케팅에 관한 원칙들을 밝힌다. 그가 자신의 책을 팔기 위해 쓴 당시의 광고를 검토해 보면, 우리가 이 강의에서 배운 핵심들을 확인할 수 있는 좋은 기회가 된다. 헤드라인부터 마지막까지 순서대로 살펴보기로 하자.

헤드라인 게으른 사람이 부자가 되는 법
서브 헤드라인 대부분의 사람들은 하루하루 사는 것이 고작이며, 도무지 돈을 모을 여유라곤 없습니다.

우선 헤드라인, 즉 첫 문구가 도발적이다. 당시 이런 식의 접근이나 이런 헤드라인은 거의 찾아볼 수 없었다. 당시에 이런 마케팅 카피가 보이는 곳은 '일확천금'을 바라는 독자층을 겨냥한 잡지뿐이었다. 〈인컴오퍼튜니티IncomeOpportunity〉, 〈석세스Success〉, 〈엔터프러너Enterpreneur〉 등의 잡지에 비슷한 마케팅 카피들이 보였지만, 그런 부류의 광고는 아직 주류가 아니었다. 카보의 광고는 대성공을 거둔 첫 사례였다. 헤드라인이 독자들의 마음을 강하게 끌어당겼으며 다음 문장을 읽게 만들었다. 그리고 서브 헤드라인이 다시 본문 카피를 읽게 만들었다.

본문 카피는 어땠을까? 미끄럼틀 효과가 있었을까? 그는 먼저 짧은 문장으로 독자들을 이끌었다. 첫 문장을 비롯하여 그의 모든 문장들이 얼마나 짧은지 다음을 보면 알 수 있다. 또한 그는 잠재고객의 입장을 취하고 있다. 성공해서 좋은 생활을 누리고 싶다고 진지하게 생각하지만, 일에 쫓겨 어찌할 바를 모르는 사람들의 입장 말이다.

본문 카피는 이렇게 시작한다.

저는 열심히 일을 했습니다. 하루에 18시간 씩 휴일도 없이 말이죠. 하지만 큰돈을 벌기 시작한 것은 일하는 시간을 줄이고 나서부터였어요. 그것도 대폭적으로 말입니다.

문장은 계속된다. 독자는 읽지 않고는 견딜 수 없다.

이 광고를 쓰는 데 약 두 시간이 걸렸어요. 운이 좋으면 저는 이걸로 5만 달러, 아니 10만 달러를 벌지도 모릅니다.

이 광고를 쓴 시기는 1973년이다. 당시의 10만 달러는 현재의 200만 달러에 해당한다. 또 한 번 카보는 호기심을 자극한다. 도대체 무엇을 팔려고 이러는 것인가? 이 광고 하나로 어떻게 그렇게 큰돈을 벌 수 있단 말인가? 독자들은 계속 읽어나갈 수밖에 없다. 난해한 단어도 없고 복잡하고 긴 문장도 없다. 그는 조금씩, 수월하게 독자를 다음 문장으로 인도한다. 계속 호기심을 자극하면서. 그리고 이야기가 시작된다.

그리고 저는 원가가 겨우 50센트인 물건을 10달러에 사달라고 부탁할 생각입니다. 그것도 결정적인 방법으로 말입니다. 당신은 도무지 반항하지 못할 것입니다.

여기서 카보는 독자의 신뢰를 얻는다. 순진할 정도로 정직하기 때문이다. 그는 먼저 원가가 겨우 50센트인 물건을 10달러에 팔고 싶다고 말한다. 호기심도 자극하고 있다. 기본적으로 간단한 이야기이며, 독자들은 조금씩 미끄럼틀을 타고 내려가 다음 문장으로 빨려든다. 이 지점에서 그는 구입의 정당성을 호소한다.

어쨌든 제가 9달러 50센트의 이익을 얻게 되지만, 더 많은 돈을 모을 수 있는 정보를 드린다면 개의치 않으시겠죠?

제가 알려드릴 '게으른 사람의 방법'이 돈 버는 보증수표인 만큼, 저는 미증유의 보증을 해드리려고 합니다. 어떠세요.

제안은 이렇습니다. 책을 보내고 독자님으로부터 받은 수표를 저는 31일간 현금으로 교환하지 않겠습니다. 그 기간 동안 마음껏 읽어보시고 시험해 보십시오.

물 흐르는 것 같은 카피다. 다시 한 번 그는 고객의 호기심을 자극하고 10달러를 지불하도록 납득시키고 있다. 아직 구체적인 제안에 대해서는 언급하지도 않았다. 독자들은 알고 싶어서 몸살이 날 지경이다. 그는 31일간 수표를 현금으로 바꾸지 않겠다고 한다. 당시로서는 혁명적인 방법이었다. 이것이야말로 '만족에 대한 확신'이다. 고객은 이렇게 생각할 것이다.

"어이, 당신을 속이려는 사람들이 많을 텐데. 책을 받아 빨리 읽고 반납해서 아직 현금으로 바꾸지 않은 수표를 돌려받는 식으로 말이야."

그러나 카보는 신경 쓰지 않는다. 만족에 대한 확신을 카보는 본문 카피의 시작 부분에서 이용하고 있다. 그는 자신의 컨셉에 대한 의욕과 자신감을 나타내고, 나아가 독자들의 호기심을 자극한다. 카피는 계속된다.

최소한 당신이 투자한 금액의 100배 가치가 있다고 생각되지 않으면 반품하십시오. 현금으로 바꾸지 않은 수표를 돌려드리겠습니다.
도서 대금을 수표로 미리 받는 이유는 책을 먼저 보낸 후에 청구하면 시간과 비용이 더 많이 들기 때문입니다. 이유는 그것뿐입니다.
저는 이미 당신 인생에서 최대의 이득이 되는 상품을 준비하고 있습니다. 11년을 들여 몸에 익힌 노하우를 전수하고자 합니다. 즉 '게으른 사람의 방법'으로 큰돈을 벌 수 있는 노하우를 말이죠.

카보는 여기서도 핵심 내용은 이야기하지 않고 구입을 해야 하는 이유만을 납득시키고 있다. 나아가 왜 수표로 주문을 받는지도 경제적인 근거를 제시하여 설명하고 있다. 호기심은 점점 높아진다. 하지만 다음 문장에서 그는 제안에 대한 설명 대신 신뢰를 쌓는 쪽으로 전환한다. 이 부자 프로그램이 얼마나 효과적인지 스스로의 체험으로 실증하려 한다.

여기서 잠시 자랑 좀 하겠습니다. 괜찮으시겠죠? 만족하실 때까지 제가 '맡아 둘' 10달러. 그 10달러를 보내시는 것이 얼마나 현명한 선택인지 증명하기 위해서는 약간의 자랑이 필요합니다.

저는 현재 10만 달러짜리 집에 살고 있습니다. 대출은 집값의 반도 안 됩니다. 전부 지불하지 않았던 이유는 세무사가 모두 지불하는 행동이 바보 같다고 했기 때문입니다.

집에서 2.5km 떨어진 제 사무실은 해변에 있습니다. 근사하고 멋진 전망 때문에 일이 손에 잡히지 않겠다고 말하는 사람들도 있습니다. 하지만 일은 충분히 하고 있습니다. 하루 보통 6시간씩 1년에 6~8개월을 일합니다.

그 이상의 시간은 '산장'에서 보냅니다. 3만 달러짜리입니다. 현금으로 지불했습니다. 보트가 2대, 캐딜락이 1대 있습니다. 전부 지불이 끝난 상태입니다.

주식이나 채권에 투자를 하고 있으며, 은행에는 충분한 현금이 있습니다. 하지만 정말 중요한 것은 돈으로 살 수 없습니다. 그건 바로 가족들과 보내는 시간입니다.

그렇다면 어떻게 제가 이런 생활을 실현했는지, 즉 '게으른 사람의 방법'을 이제부터 설명하겠습니다. 아직 저의 친구 몇 명밖에 모르는 비밀입니다.

그는 확실하게 고객의 관심을 끌면서 자신의 방법이 어떤 성과를 가져왔는지 이야기한다. 하지만 또 하나 그가 드러나지 않게 취한 태도가 있다. 고객의 입장에서 생각하는 태도다. 롤스로이스가 아닌 캐딜락을 타고 다니고, 집을 가진 독자라면 누구나 안고 있을 법한 대출금을 이야기한다. 부자라고는 하지만 어마어마한 수준은 아니다. 독자들이 도저히 닿을 수 없는 곳에 있으면 공감을 얻어낼 수 없기 때문이다.

카보는 책이 아니라 컨셉을 팔고 있다. 그의 방법에 따른 성과들, 즉 대부분의 독자들이 꿈꾸는 일들을 몇 가지나 써놓았다. 그는 잠재 고객의 입장이 되어 있는 것이다. 그리고 마지막에 돈으로는 절대 살 수 없는 것을 가질 수 있다고 이야기한다. 바로 '가족들과 보내는 시간'이다. 이에 완전히 공감한 독자는 이렇게 말할 것이다.

"이런 생활이 가능하다니, 도대체 어떤 방법이지?"

그래서 다음 문장을 읽게 된다. 그가 몇 명의 친구들에게만 이야기한 비밀을 알기 위해서다. 다음이 압권이다. 그는 너무도 자연스럽게 제안을 가능한 한 폭넓은 층까지 확대한다.

생각해 보라. 가령, 모르는 누군가가 억만장자가 되었다고 이야기해도 귀가 솔깃해지지는 않는다. 왜냐하면 자신에게는 불가능한 일이라고 생각되기 때문이다. 하지만 우리와 비슷한 처지에 있던 사람이 누구나 가능한 방법으로 단기간에 많은 돈을 벌었다고 말하면 그 노하우를 자세히 듣고 싶어진다.

다음의 카피를 읽으면 그가 얼마나 폭넓게 어필하고 있는지 알 수 있다. 이 광고의 대상이 일부 사람들로 한정되지 않는 이유가 거기에 있다. 또 파산 직전까지 가봤다고 이야기하며 여기서도 정직함을 무기로 삼고 있다. 이런 이야기는 비슷하게 경제적으로 어려움을 겪는 많은 독자들의 공감을 얻을 수 있다.

이것은 '학벌'이 필요하지 않습니다. 저는 고졸입니다.

이것은 '자본'도 필요하지 않습니다. 처음에 저는 빚 때문에 꼼짝도 못할 정도여서 변호사 친구가 파산선고를 할 수밖에 없다고 충고했을 정도였습니다. 하지만 그 친구는 틀렸습니다. 저는 빚을 모두 갚았고, 이제 약간의 주택대출금 외에는 한 푼의 빚도 없습니다.

이것은 '운'도 필요하지 않습니다. 저는 보통 이상의 부를 얻었지만, 당신이 제가 가진 정도의 돈을 모을 거라고 보증하는 것이 아닙니다. 오히려 저보다 더 가질 수 있을지도 모릅니다. 저의 지인 중 한 사람은 이 방법으로 8년간 천만 달러를 모았습니다. 하지만 돈이 전부는 아닙니다.

이것은 '재능'이 필요하지 않습니다. 무엇을 찾아야 하는지만 알면 충분합니다. 바로 그것을 알려드리려는 것입니다.

이것은 '젊음'도 필요하지 않습니다. 제가 아는 어떤 여성은 70세가 넘었습니다. 그녀는 단지 내 말에 따라 행동한 결과 필요한 돈을 모두 가졌고, 지금 세계를 여행하고 있습니다.

이것은 '경험'이 필요하지도 않습니다. 시카고의 어느 과부는 5년간 저의 방식을 실천하여 연평균 2만5천 달러를 모으고 있습니다.

이것은 굉장히 중요한 문장이다. 그는 엄청나게 넓은 고객 층에 어필하고 있다. 큰돈을 꿈꾸는 사람들에서부터 그 정도는 아니지만 이 메시지에 매력을 느끼는 사람들까지 말이다. 그리고 카보는 놀라울 정도로 솔직하다는 인상을 주고 있다.

앞부분에서 그는 책의 원가를 명확히 밝혔다. 그는 문단 전체를 통해 순진하다고 해도 좋을 정도로 정직해 보인다. 정직함은 심리적으로 훌륭한 판매 도구가 된다.

그리고 드디어 마지막 부분이다. 자신의 컨셉, 자신의 책에 대한 열의를 전한다. 이 시점에서 카보는 대부분의 독자들이 직장을 갖고 있으며, 그의 제안을 받아들일지 어떨지 고민하기 시작했다는 점을 파악하고 있다. 그는 어떤 사람의 식견을 인용한다. 그리고 마지막으로 호기심을 자극하는 질문을 던지고 문장을 끝맺는다. 독자들은 이 사람의 제안을 확인하기 위해 책을 주문하지 않고서는 견딜 수 없게 된다.

그렇다면 필요한 것은 무엇일까요? 믿음입니다. 기회를 자기 것으로 만들기 위한 만큼의 신뢰입니다. 제가 알려드리려는 내용을 받아들일 만큼의 신뢰, 그 원칙을 행동으로 옮길 만큼의 신뢰, 그것만으로 충분합니다. 그 이상도 이하도 아닙니다. 정말 믿을 수 없는 결과를 얻게 됩니다. 제가 보증합니다.

어떤 사람의 이 말을 저는 잊을 수가 없습니다.

"대부분의 사람들은 하루하루를 사는 데 급급하여 돈을 모을 여유가 없다."

그가 옳다고 생각하기 전에 제가 쏟았던 만큼의 시간을 투자해 보십시오.

지금 쿠폰을 보내시면 이 내용들을 증명해 보이겠습니다. 저를 믿으라고 강요하지는 않겠습니다. 일단 한 번 시험해 보십시오. 제가 틀렸다면 당신이 잃는 것은 몇 분의 시간과 8센트의 우표 값뿐입니다. 하지만 만약 제가 옳다면 어떨까요?

다음으로 쿠폰을 보자. 먼저 눈에 들어오는 것은 쿠폰 바로 위에 기재된 회계사의 보증 진술이다.

"저는 이 광고를 점검했습니다. 조 카보와 저는 18년에 걸친 교류가 있으며 카보의 회계사 입장에서 저는 이 모든 사항이 사실이라는 점을 증명합니다. 요청하시면 저의 이름도 공개하겠습니다."

그는 자신의 신용조회를 위한 은행명도 기재했다. 이 또한 설득력 있는 방법이다. 지금까지 이런 내용을 광고에 싣는 사람은 없었다. 그는 자신의 성실함을 간접적으로 증명하는 방법으로써 은행명까지 밝히며 신뢰를 쌓고 있다. 그리고 쿠폰은 제안의 내용을 정리해 주고 있다.

조 카보 씨, 당신의 이야기가 엉터리일지도 모르지만 제가 잃을 만한 것도 대단한 건 아니라는 생각이 들어 『게으른 사람이 부자가 되는 법』을 신청합니다. 다만 발송 후 31일간은 약속대로 수표와 우편환을 현금으로 교환하지 마시길 바랍니다. 이유가 어찌됐든 그 기간 내에 책을 반품하는 경우에는 현금으로 바꾸지 않은 수표와 우편환으로 돌려주세요. 이상을 조건으로 10달러를 보냅니다.

1달러를 추가하면 항공편으로 책을 받을 수 있도록 기입란이 마련되어 있었다. 그가 보내는 것은 단순한 책이 아니라 '지침'이었다. 책이라기보다 강좌를 듣는 듯한 뉘앙스에서 가치는 더 올라갔다.
독자가 수표를 보내면 그는 책을 보냈다. 확실히 인쇄비가 50센트

정도였고, 거기에는 자기계발적인 메시지와 '게으른 사람의 방법'으로 돈을 모으기 위한 테크닉이 가득 담겨 있었다.

카보는 이런 광고를 몇 년간 지속했다. 당시 나는 마케팅 카피에서 글자 수의 많고 적음은 큰 문제가 아니라는 사실을 증명하고 있던 참이었다. 1년 후, 카보는 광범위한 시장에 어필하기 위해 광고에 싣는 독자의 체험담 수를 늘리고 있었다. 매년 그의 광고 단어 수가 늘어나고 있었다. 하지만 내가 강의에서 가르친 글쓰기 노하우와 일치하는 진정한 사례는 돈 버는 분야에서 처음으로 거대 시장에 어필한 바로 이 광고였다.

그 후 조 카보는 내 강의에 참석하여 자신의 경험담을 들려주며, 어떻게 해서 광고를 그렇게 만들었는지 이야기해 주었다. 그는 1980년 중증의 심장발작을 일으켜 사망했다. 캘리포니아의 자택 근처의 지방 TV방송국에서 인터뷰를 하던 도중이었다. 인터뷰는 부당하게도 카보를 비난하려는 담당자의 공세로 인터뷰 내용 자체가 바뀐 상태였다. 그 인터뷰에 대한 카보의 첫 반응은 심장발작이었다. 그는 아내 베티와 여덟 명의 아이들을 남기고 세상을 떠났다.

그의 업적과 노력은 최근 개정판으로 출간된 그의 저서로 이어지고 있다. 워크북도 추가된 훌륭한 개정판이다. 마케팅에 대해 공부중이며 자극이 될 만한 자료를 원하는 사람이라면 꼭 읽어보기 바란다.

카보의 마케팅 카피는 고전적인 명작이다. 그의 책을 보고 마케팅에 크게 성공하여 실제로 돈을 번 많은 사람들이 위대함을 실감했다. 이것은 재현이 불가능한 우연이 아니다. 당신이 지금 이 책을 읽고 있는 동안에도 사람들은 속속 성공을 거두고 있다.

196

2 | 남성용 란제리

빅토리아시크리트 사는 현재 800개가 넘는 점포에, 연 매출 5억 6,700만 달러를 자랑하며 카탈로그 마케팅을 펼치고 있는 미국의 프랜차이즈 대기업이다. 하지만 약 20년 전의 사업 초기에는 세 개의 점포가 고작인 소규모 사업체였다. 빅토리아의 CEO 바버라 던랩 Barbara Dunlap이 내 강의에 참석했던 것도 그 시기였다.

강의를 받고 돌아가 그녀가 현장에서 쓴 광고는 이 책의 핵심을 충실히 따르고 있었고, 놓치고 있던 포인트도 몇 가지 지적해 주었다. 먼저 헤드라인과 서브 헤드라인을 살펴보자. 남녀를 불문하고 신문을 읽다가 다음과 같은 광고 헤드라인을 본다면 거기에 시선이 멈출 수밖에 없을 것이다.

헤드라인 **남성용 란제리**

서브 헤드라인 **특별한 남성들이 이를 가능하게 한 이유는?**

헤드라인은 겨우 여섯 글자에 불과하다. 간결하고 명확해서 다음의 서브 헤드라인을 읽게 만드는 데 충분히 자극적이다. 서브 헤드라인에서는 광고의 전제가 명확하게 나와 있지 않다. 소비자들은 아직 무슨 이야기인지 알지 못한다. 여성용 속옷을 남자가 입을 수 있도록 만들었다는 내용처럼 들리기도 한다. 잘 모르겠으니 일단 계속 읽어보아야 한다.

첫 문단은 활자가 커서 독자들은 문장에 빨려든다. 그리고 처음 몇 문장은 이야기 형식을 취하고 있다는 점에 주목하자.

놀랐습니다! 개점 당시에는 고객들 대부분이 여성일 거라고 생각했습니다. 아름다운 디자인의 란제리라고 하면 여성부터 떠오르니까요.

저희들이 얼마나 잘못 생각했던지!

하지만 개점 후 첫 발렌타인데이. 가게는 남자 손님으로 가득 찼습니다. 평소에 와보고 싶어 속으로만 생각하던 남자 손님들로 말입니다. 손님들에게는 어엿한 목적이 있었습니다. 사랑하는 여인에게 줄 발렌타인데이 선물을 사려고 오신 것입니다.

그들은 상품을 사랑했습니다

저희들은 큰 충격을 받았습니다. 많은 남성들이 가게 안을 활보하고 있었습니다. 프랑스제 실크 스타킹이나 레이스 가터벨트에 감탄하면서 말입니다. 런던제 실크와 비단의 화려한 가운에 시선을 빼앗기기도 했습니다. 또는 이탈리아제 브래지어와 팬티에 몰려 있었습니다. 부인이나 연인을 놀라게 하기 위해 안달이 나있었습니다.

이야기가 나오자 장면이 머릿속에 펼쳐지며 떠오르는 것 같다. 다양한 상품도 이야기 속에 잘 녹아들어 있다. 여기서 글을 읽는 독자들은 한 가지 의문이 일 것이다. 카피에는 즉시 그 의문이 등장한다.

남성들이 주눅들지는 않았을까요?

솔직히 말해서 그런 면도 있었습니다. 하지만 기분을 억누를 수 없었던 겁니다. 이미 많은 남성들은 저희 회사의 화려한 카탈로그를 보았다고 합니다. 매혹적인 작품을 몸에 두른 아름다운 여성들이 등장하는 숨 막힐 듯한 사진집입니다. 몇 분의 남성 고객은 저희 회사가 지정한 '플래티넘 고객'이 되셨습니다.

결국 이런 고객이 빅토리아시크리트의 란제리는 백화점과 다르다는 입소문을 내주셨습니다. 남자들을 불안하게 할 정도로 침착한 여직원은 없습니다. 눈썹을 올리고 입을 오므리면서 사이즈를 묻는 사람도 없습니다. 플란넬이나 테리크로스의 매대를 지나다닐 필요도 없습니다. 지루한 하얀색의 보정 속옷이 넘쳐나는 저렴해 보이는 플라스틱 상자도 없습니다.

카피에 훌륭한 요소가 몇 가지나 들어 있다. 먼저 던랩은 남성 고객이 주눅이 들었다고 솔직히 인정하여 정직하다는 인상을 준다. 즉 부제(남성들이 주눅 들지는 않았을까요?)로 잠재고객의 궁금증을 받아들이고 솔직히 답변한다.

하지만 남성 고객들이 화려한 카탈로그(던랩이 말하길 '숨이 막힐 듯한 사진집')에 자극받았다는 사실을 알린다. 카탈로그가 남성 고객들을 점포로 끌어들였다는 사실을 교묘하게 어필하고 있다.

남자로서 이런 점포를 찾으려고 마음먹을 때 떠오르는 의문들은 점포 안의 분위기와 점원에 관한 것들이다. 혹시 거북스러운 분위기는 아닌가? 던랩은 같은 문단에서(사실은 문단을 나누는 편이 좋았겠지만) 이런 질문을 던지고 백화점에서 느껴지는 거북함은 없다고 설명하는 것으로 대답을 대신한다. 즉 이곳은 남성들을 전혀 거북하게 만들지 않는 곳이라고 말하고 있다.

먼저 관심을 끌고 란제리 전문점에서 아내와 연인의 선물을 사려는 남자들이 제기할 만한 질문과 의문에 답변하고 있다. 그리고 다음 문단에서는 적은 수의 남성에서 모든 남성으로 마케팅을 확대하고 있다.

남성들에게는 공통점이 있습니다

발렌타인데이 이후 저희는 남성 고객에 대해 많은 것을 배웠습니다. 무엇보다도 고객들을 동일하게 대할 수는 없다는 사실입니다. 고객은 보수적인 분들도 있고 정반대인 분들도 있습니다. 나이가 있으신 분도 있고 젊은 분도 있습니다. 의사, 회계사, 영업사원, 은행원 등 직업도 다양하지만 남성 고객들에게는 하나의 공통점이 있습니다. 그것은 바로 심미안입니다.

여성이 레이스 캐미솔이나 우아한 가운으로 몸을 가린 모습이 얼마나 아름답고 매혹적인지 알고 있습니다. 여성이 특별한 남성에게서 멋지고 친밀한 선물을 받는 것이 얼마나 기쁜 일인지도 알고 있습니다. 빅토리아시크리트에서 구입하시는 분들은 굉장히 특별한 분들 뿐입니다.

던랩은 폭넓은 부류의 남성들을 거론하는 것뿐만 아니라, 그 센스와 여성에 대한 이해를 높게 칭송한다. 그리고 다음 문단에서는 중요한 판매 문구가 나온다. 당시 빅토리아 점포는 캘리포니아에만 있었기 때문에 전국에 게재된 이 광고의 원래 목적은 캘리포니아 이외의 주에서 카탈로그 고객을 모으는 것이었다. 이 즈음에서 '저희의 화려한 사진집'이라는 문구가 나오고 고객 확장에 돌입한다. 이어지는 구매환경을 조성하는 매력적인 표현을 보자.

선천적으로 심미안이 뛰어나고 패션에 민감한 분들은 빅토리아시크리트 같은 곳을 원했을 것입니다. 캘리포니아에 거주하지 않을 경우는 다른 곳에 저희 점포가 없으므로 2달러를 내고 '차선책'을 택하실 것을 말씀드립니다. 란제리를 소개하는 올 컬러의 화려한 카탈로그를 보면서 편안한 마음으로 여유롭게 주문할 수 있습니다.

저희 스타일이 마음에 안 드신다고요?

그런 일은 없을 겁니다. 만약 저희의 패션이 부인이나 연인에게 너무 우아하고 화려하다는 생각이 들더라도 손해 볼 게 없습니다. 올 컬러 카탈로그는 수집가들이 탐낼 만한 세련된 작품이라고 자신 있게 말씀드립니다. 친구들 사이에서 좋은 평판을 얻을 것입니다. 이미 몇몇 고객들로부터 예전의 카탈로그라도 팔아달라는 요청을 받고 있습니다. 카탈로그를 받아보기 위해서는 빅토리아시크리트 앞으로 신청서와 2달러를 보내주세요. 패션 로맨스가 넘치는 카탈로그를 우편으로 보내드립니다.

여기서 옥의 티가 드러난다. 이 광고에는 큰 문제가 하나 있다. 게다가 아쉽게도 광고의 가장 중요한 부분인 마지막에 문제가 드러난다. 잠재고객은 이렇게 생각할 지도 모른다.

"카탈로그나 상품이 맘에 안 들면 어떡하지?"

즉 반품 조건에 대해 아무런 언급이 없는 것이다. 그리고 카탈로그를 구입할 때 지불하는 2달러를 주문에 포함시켰다면 더욱 강력한 유인 도구가 되었을 것이다. 그러면 아마 카탈로그 값이 10달러라도 괜찮았을 것이다.

던랩의 이 마케팅 카피는 상당한 성공을 거두었다. 여기에는 두 가지 배울 점이 있다.

첫째, 시장에서 고객이 될 만한 사람에게 대상을 맞춘 것과 카탈로그를 통해 그들을 실제 고객으로 삼았다는 점이다. 굉장히 뛰어나고 교본이 될 만한 마케팅 내용들을 담고 있다. 두 번째는 의문을 제기하는 절묘한 타이밍과 그 해결법, 이야기를 이어가며 완벽한 구매환경을 만드는 아름다운 단어의 사용이다. 결국 카탈로그도 팔겠다는 이야기지만, 여기서의 제안은 남성들이 카탈로그로 주문하는 것을 허가하는 것 같은 태도다. 점포를 찾는 것보다 훨씬 덜 부끄러운 방법으로서 말이다.

'남성용 란제리'라는 말은 짧으면서도 흥미가 느껴지는 흐름이 좋은 문구다. 마지막 부분에서 좀 더 설득력이나 효력을 발휘할 수도 있었다는 점에서 아쉽긴 하지만, 소비자들은 마지막까지 미끄럼틀처럼 카피에 이끌려 내려간다. 당시 빅토리아시크리트의 카탈로그는 굉장히 매혹적이었다. 실제로 남성들에게 큰 인기를 얻었다.

빅토리아시크리트의 마케팅 담당자들은 카탈로그를 만들기 전에 내 강의를 수강했다. 그들은 카피의 기술을 살려 색감이 풍부한 카탈로그를 만들어냈다. 강의 수강이 자신들의 경력에 전환점이 되어주었고, 빅토리아시크리트의 성공에도 큰 의미를 가진다고 말했다.

이 사례에서 배울 마지막 교훈은 아무리 뛰어난 광고라도 마지막 부분에서 기회를 놓치는 아쉬운 일이 없어야 한다는 점이다. 광고의 마지막 부분은 구입을 결정짓게 하는 곳이다. 이는 모든 글에서 대단히 중요한 요소다.

3 마법의 바보상자

JS&A가 만들었던 매직 스탯이라는 자동온도조절기의 광고 역시 기본적으로 이야기를 전개하는 방식이었는데, 우리는 거기에 하나의 장치를 걸어놓았다. 처음에는 그 상품을 굉장히 싫어하는 것처럼 서술했다. 그리고 이야기가 진행될수록 상황을 반전시키며 세계 최고의 상품이라고 보증을 했다. 이야기 과정에는 흥미로운 부분이 많다.

소비자 입장에서 자동온도조절기를 구입할 때 가장 난감한 것은 설치 문제다. 그것은 소비자가 쉽게 양보해 주지 않는 부분이다. 전선을 만지는 것은 위험하고 그렇다고 사람을 부르면 비용이 들어간다. 따라서 이야기 속에서 소비자의 맘에 드는 편리한 설치 방법을 제시해야 했다. 우리는 사람들이 번거로운 설치를 싫어한다는 전제로 아예 처음부터 그 부분을 언급했다.

우리는 카피에서 상품 케이스의 디자인부터 외양, 이름까지 다양한 부분의 트집을 잡았다. 소비자도 상품을 눈으로 본다면 우리와 비슷한 느낌이 들 거라고 생각했다. 그러면서 이런 문제점들을 하나하나 해결했다.

상당 부분을 할애하여 가벼운 문체로 상품의 특징을 설명했고, 마지막에 가서 메이커를 거론하고 신뢰도를 높이면서

처음에는 깎아내린 뒤, 대 반전으로 이어지는 매직 스탯 마케팅 문안

안심을 시켰다. 우리의 경쟁 상대는 결과적으로 하니웰이었다. 그 이름도 찬란한 대기업 하니웰 말이다.

우리는 광고회사로서 매직 스탯의 광고를 거의 3년간 계속했는데, 마침내 이 상품은 미국에서 초우량 브랜드로 자리 잡았다. 하니웰은 자신들의 상품으로는 매직 스탯을 경쟁에서 이길 수 없다고 판단했는지 매직 스탯의 제조사를 거액의 웃돈을 주고 인수했다. 물론 종업원들의 연봉도 수직 상승했다. 하니웰도 꺾은 광고문은 어떤 것이었는지 한 번 살펴보기로 하자.

헤드라인 마법의 바보상자

서브 헤드라인 제품을 보시면 저희 광고사가 왜 매직 스탯이라는 이 자동온도조절기에 대해 좋은 평가를 내리지 않는지 그 이유를 이해하실 수 있을 겁니다. 기적이 일어나지 않는 한 말이죠.

사진 캡션 액정 화면도 없고 볼품없는 케이스에 이상한 이름까지……. 당연히 이 상품에 대한 흥미는 생길 수가 없었죠.

본문 카피 화려한 세일즈 문구를 기대하셨다면 죄송합니다. 저희는 매직 스탯이 얼마나 훌륭한 자동온도조절기인지 이야기하려는 것이 아니라, 이 제품을 철저히 무시하려고 합니다.

우리가 처음 매직 스탯을 보았을 때, 먼저 그 이름에 실망했고 싸구려 플라스틱 케이스에 또 한 번 실망했습니다. 그리고 액정 화면도 없었죠. 제조사의 직원이 기능들을 설명해 주기 전까지는 제품에 대한 실망감뿐이었습니다.

완전한 〈패배자〉

그렇습니다. 보는 순간, 이것은 분명히 '패배자'였습니다. 하지만 잠시 기다려주십시오. 한 가지 이점이 있었습니다. 어떤 사실을 발견했습니다. 매직 스탯을 설치하는 데는 채 몇 분도 걸리지 않았고, 설치 전문가에게 부탁할 필요도 없었습니다. 전선들은 표준색을 따르고 있었습니다. 설치할 때는 빨간 전선을 빨간 부분에 연결하고 흰 전선을 흰 부분에 연결합니다. 어린 아이도 설치할 수 있을 정도로 쉽더군요. 게다가 안전하기도 합니다. 그리고 이 자동온도조절기는 불과 24볼트로서, 설치할 때 전원을 끄고 작업해도 되고 전원이 흐르고 있는 전선을 그대로 만지면서 작업해도 아무 탈이 없습니다.

시험 사용 완료

매직 스탯은 설치가 너무도 간단해서 금방 사용할 수 있었습니다. 첫눈에 실망했던 저희는 점점 믿기 어려운 발견을 계속했습니다. 매직 스탯은 아마 이 지구, 아니 우주 역사상 가장 소비자의 입장에 가까이 서있고 기술적으로 뛰어나며 성능이 좋은 자동온도조절기일 거라는 발견입니다. 저희가 어떻게 짜증나는 감정에서 경탄으로 바뀌게 되었을까요? 그 이유는 다음과 같습니다.

매직 스탯은 하루에 6번 온도 변경을 설정할 수 있고, 1주일간의 온도 프로그램도 따로 정할 수 있습니다. 예를 들어 아침에 일어날 때는 21도로 맞추고, 출근할 때는 12도로 내리며, 귀가할 즈음에는 20도, 저녁 식사가 끝나고 TV를 볼 때에는 21도, 잠이 들 때는 17도라는 식으로 세팅할 수 있습니다. 다 세어보면 5번입니다. 이러고도 한 번의 여유가 남습니다.

그리고 주단위로 온도 설정이 가능합니다. 주말에는 설정을 바꾸고 싶다면 개별 설정도 가능합니다. '그거 참 신기하군. 좀 더 자세하게 듣고 싶은데'라고 생각하지는 않으십니까? 다음을 읽어보십시오.

대부분의 자동온도조절기는 아침에 보일러를 작동시키고 싶은 시간을 설정합니다. 그러니까 눈을 떴을 때는 방이 따뜻합니다. 하지만 어느 날은 갑자기 아침에 너무 춥고 그 다음날 아침은 따뜻하다면 어떻게 하시겠습니까? 즉 같은 시간에 보일러가 같은 온도로 작동한다면 어떤 날은 아침에 일어나면 춥고 다음날은 너무 일찍 켜져서 에너지 낭비가 됩니다.

이런 환경적 변수에서도 매직 스탯은 뛰어납니다. 밤 동안의 온도 하강을 감지하고 아침에 일어날 때의 기온 변화에 맞추기 위해 필요한 시간을 계산합니다. 따라서 오전 7시에 21도인 방에서 눈을 뜨고 싶다면 언제나 그 온도에서 눈을 뜰 수 있습니다. 특허를 취득한 기능이기 때문에 다른 온도조절기에는 이런 기능이 없습니다. 하지만 기다려보세요. 설정 상의 특허가 또 있습니다.

설정의 간편함

설정을 하려면 버튼 하나만 누르면 됩니다. 희망하는 온도가 될 때까지 작은 액정에 온도 눈금이 표시되므로 원하는 온도에서 버튼을 멈추면 됩니다. 물론 하루 6회까지 온도 변경이 가능합니다. 매직 스탯은 이 패턴을 기억합니다. 눈금 위의 빨간 LED가 현재 온도를 표시합니다.

온도를 ±0.8도 범위에서 유지하기 위해 보일러가 작동해야 하는 시간을 시스템이 계산합니다. 보존한 프로그램을 백업에 의해 기억하므로 8시간 유지되는 전지라면 데이터를 잃지 않습니다. 만의 하나 며칠간 정지되어 있었다면 복구시에는 자동적으로 20도를 유지합니다.

솔직히 말하면 저희는 이 자동온도조절기의 설치와 온도 설정의 용이함, 나아가 에너지 절약 효과에 감탄하고 이 상품을 광고하려고 이미 진지하게 결정했습니다만, 고객들이 매직 스탯에 만족하지 못하는 것은 아닌지 염려가 되었습니다. 고장이 나면 어떻게 하나? 얼마나 오래 쓸 수 있는가? 하는 궁금증들 말입니다. 그렇습니다. 자동온도조절기는 집에서 항상 써야 하는 물건이고 몇 년간 계속 사용할 수 있어야 합니다. 고객의 만족은 그런 부분에 달려 있습니다.

그런 점에서 사전 준비는 모두 끝났습니다. 신뢰 측면에서 볼 때, 제조사는 재무적으로 안정된 기업입니다. 상당한 역사가 있는 회사입니다. 이 제품에는 3년간의 보증기간이 적용됩니다. 나아가 1년간 가격에 걸맞은 에너지 절약이 안 된다면 제품을 다시 소비자로부터 구매하는 것이 이 회사의 방침입니다. 저희는 제조사, 사원, 상품, 믿기 어려운 특징들, 상품에 대한 제조사의 입장 그리고 무엇보다 에너지 절약 효과에 매우 만족했습니다.

저희들을 이렇게까지 감격시킨 매직 스탯, 무슨 일이 있어도 구입하고 싶어지지요? 가격은 겨우 179달러입니다. 설치는 간단해서 혼자서도 몇 분 안 걸립니다. 수리점 등에 부탁하는 것도 방법일 것입니다. 199달러의 디럭스 모델도 있습니다. 기능은 일반 모델과 같지만 아름다운 신형 케이스가 부착되어 있습니다.

이번 겨울에는 부디 에너지 비용을 절약하시기 바랍니다. 난방비가 최대 30퍼센트 감소하는 것뿐만 아니라, 에너지 세금 공제를 15퍼센트나 받을 수 있습니다. 1년 후 이 상품에 100퍼센트 만족하지 못하신다면 JS&A로 반품하세요. 돈을 돌려드리고, 그 전에 사용하시던 자동온도조절기를 다시 설치해 드립니다.

획기적인 에너지 절약

저희가 신뢰하게 된 것은 장점들 때문입니다. 먼저 현재 수준을 월등히 뛰어넘는 에너지 절약과 만족을 느낄 수 있습니다. 다음으로 상쾌

한 온도에서 기분 좋게 잠들고 아침을 맞는 일이 가능합니다.

어떤 물건이든 외관은 그 물건의 진정한 가치와는 무관합니다. 이름도 그다지 의미는 없습니다. 하지만 좀 더 인상 좋은 이름이었다면 좋았을 거라고 저희도 생각합니다. 예를 들면 '트윙클 템프' 같은 것으로 말이죠.

주문은 신용카드의 경우 무료전화로 상품 번호를 지정하세요. 수표의 경우에는 배송료 4달러를 추가하여 송금해 주십시오.

매직 스탯 0040C – 179달러

디럭스 매직 스탯 0041C – 199달러

상품이 무시당하는 것을 보고 소비자들은 놀라서 카피를 읽게 된다. '도대체 어떻게 할 생각이지? 왜 상품을 업신여기는 거야?'라고 생각하는 것이다. 그러면서 문안을 읽기 시작한다. 읽다 보면 허점을 가진 상품임에도 불구하고 차별화된 특징들을 발견하게 된다. 이 경우에는 그 특징이 '설치의 용이함'이었다. 이는 자동온도조절기 판매에서 극복해야 할 최대의 장애요인이다. 그 다음에는 쉬워진다. 설치 문제를 해결하면 다른 뛰어난 특징들을 설명하고, 남은 궁금증(이름이나 외관)을 풀어주면서 상품의 이점을 선전하면 된다. 실제로 이 마케팅 문안은 3년 이상 지속해 사용할 수 있었으며 막대한 수익을 올렸다.

통신판매 저택

우리는 광고로 소형 비행기를 판매한 적이 있는데, 그 후에 훨씬 높은 수준에 도전할 일이 생겼다. 6백만 달러짜리 집을 팔아달라는 의뢰가 들어온 것이다. 비행기의 경우처럼 구매자를 찾을 수 있을지 궁금했다. 필요한 인원은 겨우 한 명이다.

마케팅 문안은 처음부터 마지막까지 모두 이야기 형식으로 만들었다. 집과 함께 비디오테이프를 파는 게 목적이었다. 집이 팔리지 않아도 광고비를 충당할 정도의 비디오테이프는 팔릴 것이라는 생각에서였다.

헤드라인 **통신판매 저택**

넓은 거실과 별장 같은 전망을 볼 수 있는 사진이 실렸다

본문 카피 이득이 되는 상품입니다. 구입하지 않으셔도 이야기는 마음에 드실 겁니다.

이 이야기는 어떤 초대장에서 시작됩니다. 저는 미국에서도 손꼽히는 굴지의 부동산 중개인으로부터 캘리포니아의 말리브에 있는 그의 저택에서 열리는 파티에 초대를 받았습니다. 이유는 알 수 없었죠. "일단 와보세요"라는 말 뿐이었습니다.

시카고의 오헤어 공항에서 제트기가 저를 기다리고 있었고, 로스앤젤레스에서는 리무진이 대기하고 있었습니다. 그렇게 저는 말리브까지 갔습니다.

도착했을 때 파티는 이미 시작되어 있었습니다. 롤스로이스가 늘어서 있었고 저택 안에서는 음악과 웃음소리가 들려왔죠. 무언가 특별한 일이 일어난 것이 틀림없었습니다.

212

유명한 손님들

안으로 들어가자 집 주인과 그의 부인을 소개받았습니다. 그리고 그들은 저를 안내하여 몇 명의 손님들에게 인사를 시켰습니다.

"이 분이 조셉 슈거맨 씨예요. 흥미 있는 광고를 많이 만드시는 유명한 카피라이터시죠."

거기에는 유명한 영화배우와 유명한 스포츠 캐스터, TV 드라마의 스타, 유명한 야구선수, 캘리포니아 주의 유명한 정치가 등 누구나 아는 얼굴이 있었고 저를 안다는 사람들도 몇 있었습니다. 사실은 저의 고객들도 있었습니다. 하지만 왜 제가 이곳에 있는 것일까요? 알 수 없었습니다.

마침 집 안을 둘러볼 기회가 있었습니다. 그때까지 저는 멋진 집을 몇 채나 봐왔지만 이 집은 그 중에서도 가장 멋진 집이었습니다. 모래 해변과 태평양이 내려다보이는 30m 정도의 암벽 위에 지어져 있었습니다. 밤이어서 로스앤젤레스의 해안선이 불빛으로 반짝였습니다. 눈앞에 태평양이 펼쳐지고 뒤로는 해변이 보이는 유람선을 타고 있는 듯한 느낌의 집입니다.

그리고 집 아래의 암벽은 연예계에서 가장 잘 알려진 결혼식 장소입니다. 이 저택 상공 위에 7대의 헬리콥터가 떠서 사진 촬영을 하곤 했지요.

조망을 훌륭하게 이용한 집입니다. 거의 모든 방이 해변을 향하고 있습니다. 슬라이드 유리문이 활짝 열리게 되어 있어 아무 방해도 받지 않고 바다를 바라볼 수 있습니다. 필요 없는 칸막이나 기둥이 없습니다. 집 안을 흐르던 음악은 처음에는 생음악이라고 생각했습니다. 하지만 나중에 알았는데 이 집은 스튜디오에 필적하는 사운드시스템이 갖춰진, 개인 저택으로는 최고의 음향효과를 낼 수 있는 곳이었습니다. 대단한 집입니다.

테니스코트, 수영장, 최고급 욕조가 갖추어져 있으며 실내 어디에서든 제어 가능한 전자조명 시스템도 있습니다. 천장까지는 7.5m나 되며 고급스런 인테리어 장식은 건축디자인 상을 휩쓴 것이 당연하게 느껴질 정도였습니다. 하지만 왜 제가 여기에 있는 것일까요? 일부러 저를 초대한 이유는 무엇일까요? 그 이유를 겨우 알 수 있었습니다.

부동산 중개인과 그의 부인은 5개의 침실 중 한 곳에 저를 잠시 머물게 하더니, 손님들이 돌아간 후 거실로 초대했습니다.

"당신을 초대한 이유는 이 집을 팔기 위해 광고를 써주셨으면 해서입니다. 당신은 미국에서도 손꼽히는 커피라이터이고, 이곳은 상을 많이 받은 일류 저택이니 당연히 일류 카피라이터에게 맡겨야겠다고 생각한 것입니다."

매우 기쁜 이야기였지만, 조금 어리둥절했습니다.

"이 정도로 고가의 집을 어떻게 팔라는 말씀이시죠?'

굉장히 특별한 집

"간단합니다"라고 중개인이 말했습니다.

"가치로 파는 거죠. 이곳은 정말 특별한 집입니다. 로스앤젤레스에 접한 돌출된 반도에 있죠. 암벽 위에서는 로스앤젤레스를 한 눈에 볼 수 있습니다. 마치 바다 위에 지어진 것처럼 말이죠. 게다가 위치가 좋아서 바다에서 불어오는 강한 바람을 직접 맞지도 않고, 1년 내내

산들바람이 불어옵니다. 토지 자체의 가치도 높아서 옆집 사람은 침실 하나짜리 집에 9백만 달러를 냈을 정도입니다."

저는 불안해졌습니다.

"죄송하지만 집을 팔 방법은 없습니다. 제 회사명에 근거하지 않는 광고를 쓰는 것은 거절하겠습니다. 저는 부동산 중개인도 아니고요."

"괜찮습니다. 하실 수 있어요. 이 집은 투자물건입니다. 초일류 저택을 찾는 특별한 사람을 한 분만 찾으면 됩니다. 금방 팔릴 겁니다."

최후의 저항

저는 물러섰습니다. 마지막 저항이었습니다.

"죄송하지만 30일 이내에 반품 받을 수 없는 물건을 팔 수는 없습니다. 제 고객들은 무엇을 사더라도 그 물건을 반품하고 바로 돈을 돌려받을 수 있습니다. 신용카드를 사용하여 간편히 구입할 수 있는 것이라면 몰라도."

다음은 보시는 대로 제가 파는 실제로 존재하는 집입니다. (312)564-7000으로 전화하셔서 일정을 잡으세요. 이 기회를 놓치지 마십시오. 카드 이외에 미국 달러, 일본 엔, 그밖의 유동성 있는 통화라면 뭐든지 받습니다.

구입 후 30일간 그 집에서 살아보십시오. 장대한 풍경, 아름다운 해안, 느긋한 생활을 즐겨보세요. 30일 후 완전히 만족하지 못하신다면 원래의 주인에게 집을 반환하고 돈을 즉시 돌려드립니다.

중개인과 그 집의 부인은 제가 그들의 집을 판다는 사실에 설레고 있습니다. 통신판매업과 부동산업이 다르다는 사실도 잘 알고 계십니다. 하지만 당신은 양보할 필요가 없습니다. 당신이 만약 미국에 지은 고가의 저택을 찾고 계신 특별한 분이라면 저에게 전화를 거십시오.

추신 : 집을 직접 볼 시간이 없다면 이 집의 비디오테이프를 주문하세요.(상품 번호는 7077YE)

20달러+우송료, 수수료 3달러를 다음의 주소로 보내시거나, 신용카드의 경우에는 무료전화로 거시면 됩니다.

말리브의 저택 – 6백만 달러

결국 집은 팔리지 않았다. 비디오테이프도 팔리지 않아 광고비 회수도 불가능했다. 하지만 그런 부담은 기꺼이 감수할 수 있었다. 그로부터 얼마 후, 월트디즈니 사에서 전화가 걸려와 월트디즈니의 옛 저택을 같은 방식으로 판매하지 않겠냐는 제의를 받았지만 나는 정중하게 거절했다. 부동산 마케팅은 특성상 끝까지 책임을 다할 수 없고, 자칫 하면 사기성이 개입되기 쉬워 더 이상 관여하지 않는 게 좋겠다고 판단했기 때문이다.